¡PA'RRIBA Y PA'LANTE!

Mis secretos para triunfar en tu carrera, tu relación y tu vida

CRISTINA
SARALEGUI

A CELEBRA BOOK

Celebra

Publicado por Penguin Group
Penguin Group (USA) LLC, 375 Hudson Street,
Nueva York, Nueva York 10014

Estados Unidos / Canadá / Reino Unido / Irlanda / Australia / Nueva Zelanda / India /
Sudáfrica / China
penguin.com
Una compañía Penguin Random House

Primera edición: Celebra,
una división de Penguin Group (USA) LLC
Primera impresión: noviembre de 2014

DATOS DE PUBLICACIÓN SEGÚN EL CATÁLOGO DE LA BIBLIOTECA DEL CONGRESO:

Saralegui, Cristina.
Pa'rriba y pa'lante!: mis secretos para triunfar en tu carrera, tu relación y tu vida/Cristina
Saralegui.
p. cm.
ISBN 978-0-451-47097-3
1. Women—Life skills guides. I. Title. II. Title: Pa'rriba y pa'lante!
HQ1227.S337 2014
646.7—dc23   2014023849

Impreso en los Estados Unidos de América
10 9 8 7 6 5 4 3 2

Tipografía: Berling

Para mis tres hijos, Titi, Stephanie y Jon,
gracias por los momentos más tiernos de mi vida.

Contenido

Contenido

¡PA'RRIBA Y PA'LANTE!

Introducción

A lo largo de los años ha sucedido que en la mayoría de las entrevista que me hacen, las periodistas utilizan los primeros cinco a diez minutos de los quince que tienen para pedirme consejos personales. Quieren saber cómo logré tener una carrera tan exitosa y, a su vez, formar una familia y mantener mi matrimonio a través de los años; cómo escoger una pareja duradera; cómo pedir un aumento de sueldo... En esencia, quieren saber cómo triunfar en sus vidas. En esos pocos minutos intento responderles con algún consejo que les sirva, pero para darles los secretos que me sirvieron a mí para triunfar en la vida necesitaríamos sentarnos a conversar largo y tendido. De ahí es que nació este libro.

No hay una fórmula específica que te llevará a lograr el éxito. Para cada quien ese camino es único y diferente al de los demás porque cada persona define el éxito de acuerdo a sus sueños y necesidades. Para mí, triunfar no sólo significa haber logrado tener una carrera exitosa, sino también haber formado una familia y ahora poder gozar de mi tiempo con mi marido, mis hijos y mis nietos. Porque, al final del día, no puedes abrazar una carrera. Necesitas tener a tus seres queridos a tu alrededor. Necesitas encontrar ese balance esencial entre tu vida profesional y personal para llevar una vida completa y feliz. No es fácil. Para llegar a donde he llegado tuve que darme tremendos golpes, pero en vez de rendirme ante cada caída, decidí levantar cabeza y seguir pa'rriba y pa'lante.

Aunque triunfar para cada mujer significará algo distinto, sí creo que hay algunos secretos básicos que, si los pones en práctica y los aplicas a tu vida, te pueden ayudar a cumplir tus sueños. Lo primero que necesitas es pasión y perseverancia. Esos son los dos factores que te empujarán hacia adelante en los momentos que sientes que te quieres dar por vencida. Por favor, no te rindas. Las pruebas que nos pone la vida son, en realidad, las mejores enseñanzas que alguna vez podremos tener a nuestro alcance. Sin esas experiencias duras, no podríamos evolucionar y pasar a las siguientes etapas de nuestras vidas. A través de los años, nunca dejas de aprender y nunca dejas de enseñar.

Y para aprender y enseñar, también debes aprender a compartir. Una de las cosas que siento que falta entre nosotras las mujeres es un diálogo abierto en donde podamos compartir nuestras experiencias, los triunfos y los fracasos, para así ayudarnos a encontrar el camino al éxito que tanto deseamos. Necesitamos ser más solidarias entre nosotras y hablar más abiertamente de lo que nos está pasando. A través de los capítulos de este libro, encontrarás dos tipos de recuadros que traen a luz lo que yo deseo para todas nosotras: información y comunicación abierta y honesta.

El primero, *Infórmate*, sirve exactamente para eso, para

informarte. Uno de los secretos más importantes, una de las mejores herramientas que puedes tener en tu arsenal, es la información. Si algo que escuchas o lees te llama la atención o te genera preguntas, busca la respuesta. Nunca debemos dejar de informarnos y aprender en la vida. De igual manera, es clave compartir esta información. Eso es parte de la solidaridad de la que te estoy hablando aquí y por eso decidí incluir el segundo recuadro a través de este libro: *De eso no se habla*.

Cuando te cruces con este recuadro, prepárate porque quizá lo que leas te resulte incómodo, pero por favor no lo ignores. Tenemos que aprender a comunicarnos y hasta conversar de aquello que nunca se menciona. Con *De eso no se habla*, quiero que logremos romper con los temas tabú que se esconden detrás de esta frase y convertir todo aquello que no nos animamos a compartir en un *de eso SÍ se habla*.

En los últimos años, he logrado volver a mis raíces profesionales informando a mi gente de temas importantes para ayudarla a mejorar su vida. Este libro es una continuación de este deseo. Quiero compartir mis secretos, mis consejos y mis experiencias para darte voz y voto en tu vida. Desde que tengo uso de razón, he tenido que luchar a capa y espada para no ser invisible. En mi época, ser una mujer con metas y sueños y ambiciones era casi como ser invisible porque esos deseos sólo les correspondían y se les respetaban a los hombres. Hoy en día, eso ha cambiado mucho, pero la mujer todavía no ha logrado deshacerse de esa invisibilidad. Con *Pa'rriba y pa'lante* quiero ayudarte a que encuentres tu voz, a que venzas tus miedos, a que establezcas tus metas y sueños y los persigas con toda tu pasión.

Este año cumplo treinta años de casada y cincuenta años en

la fuerza laboral. La vida entera es lo que aprendí en estos dos caminos: el personal y el profesional. Mi meta ahora es compartir mis experiencias y las lecciones que me han llevado a triunfar en mi vida para que te ayuden a triunfar en la tuya. Espero establecer contigo la conversación sincera, abierta y a calzón quitado que siempre he tenido con toda mi gente. No quiero que nadie sea invisible en este mundo. Todos, tanto las mujeres como los hombres, valen oro. *Pa'rriba y pa'lante* es para toda la gente que cree en el arcoíris y quiere ver lo que hay al final. ¡Disfruta el viaje!

La única manera de perder el miedo es partiéndole pa'rriba y atravesándolo.

PRIMERA PARTE

Carrera

1

Nunca dependas 100% de nadie

Cuando era niña, como la mayoría de los niños, dependía de mis padres. Mi papá cubría todas mis necesidades. Sí, la realidad es que nunca me faltó nada de niña. Sin embargo, cuando yo le pedía plata a mi papá para comprarme una blusa, él me llevaba a mi clóset y me decía: "Mira cómo tienes ese clóset que ni caben las blusas". Él no comprendía por qué yo quería otra blusa, y yo no comprendía por qué le tenía que justificar la compra de una nueva prenda. Un buen día me pregunté: "¿Por qué le tengo que explicar a este hombre cuántas blusas tengo, que ya están repetidas, que ya están réquete vistas por mis amigos, que mi prima tiene el doble de blusas que yo?". Ese intercambio plantó la semilla de la independencia económica en mi ser, y ese día, con dieciséis años de edad, decidí que nunca más dependería de un hombre. Ese fue el día en que me di cuenta de que si quería ser económicamente independiente, tenía que buscar un trabajo.

Dicho y hecho. Al poco tiempo fui y me busqué mi primer trabajo. En aquel entonces, aquí en Miami, había una tienda por

departamentos que se llamaba Jordan Marsh, donde me emplea-
ron como asociada de ventas del departamento de cosméticos.
La competencia era feroz ya que gran parte del sueldo estaba
basado en comisiones sobre las ventas, pero yo tenía una ventaja:
mi cutis excepcional. Las clientas se me acercaban para averiguar cuál era mi secreto. Querían tener mi carita de porcelana,
y yo, ni tonta ni perezosa, les recomendaba las cremas más caras
para así poder ganarme unos pesitos extra. Y nunca más tuve
que pedirle plata a mi papá para comprarme lo que me daba la
gana, una lección que me marcó para el resto de mi vida.

Esa semillita de independencia económica siguió germi-
nando en mí y, al llegar a los dieciocho años, aunque tenía un
padre pudiente, asistía a la universidad a tiempo completo y tenía
un trabajo de jornada completa para no tener que rendirle cuentas a nadie sobre mi dinero y lo que deseaba hacer con él. Este fue
un gran paso que me ayudó a navegar las aguas de lo que vendría,
ya que mientras cursaba la universidad, mi padre entró en apuros económicos y tuvo que decidir entre pagarme la universidad
a mí o a mi hermano. Al elegir a mi hermano y quedarme sin
poder terminar la universidad, me enfoqué y dediqué de lleno
al trabajo. En aquel momento estaba haciendo una pasantía en
Vanidades, la cual se volvió mi primer trabajo como periodista a
jornada completa y, sin anticiparlo, allí comenzó mi carrera.

Luego, a mis veintiséis años, ya con una carrera encaminada, decidí mudarme de mi casa a un pequeño apartamento
con mi hermana menor. El hecho de irnos sin estar casadas fue
algo que traumatizó a mi padre, pero la inquietud por valerme
por mí misma era una necesidad que debía satisfacer. Mi hermana regresó a casa de mis padres seis meses más tarde, pero

yo, aunque extrañaba mucho vivir con mi familia, decidí seguir adelante con mis planes, y así, nunca más depender de nadie.

Ninguna mujer debe depender 100% de nadie

¿Qué pensarías de un hombre que depende 100% de alguien más? Las mujeres y los hombres somos iguales; sin embargo, nos crían de tal manera que nos inculcan reglas que a veces nos terminan lastimando. Muchos padres todavía establecen en sus hijos la mentalidad de que el hombre debe salir a trabajar y buscar su independencia, buscarse la vida, mientras que la mujer también lo puede hacer, pero implícitamente se encuentra establecida la idea de que al final, si consigues un buen marido con un buen trabajo, eso te puede solucionar el tema económico. Más errado no se puede estar, no sólo porque la independencia económica es vital para cumplir tus metas y sueños, sino que, como está la economía global hoy en día, ambos padres deben trabajar para poder brindarle lo mejor a sus hijos, incluyendo una buena educación.

¡Infórmate!

Según el Center for American Progress, en el año 2010, en casi dos tercios (63.9%) de las familias con hijos en Estados Unidos, las mujeres eran el sostén o cosostén económico de la familia, y el 40% de las mujeres hispanas ganaron lo mismo o más que sus maridos.

Pero volvamos al tema de depender económicamente de alguien, en especial de tu pareja. ¿Qué es eso de preguntarle a un marido si me puede dar plata para comprar algo? No está en nada. El dinero es mío, me lo gano yo y me lo gasto en lo que me dé la gana. Y eso es lo que quiero que tú apliques en tu vida. Es un consejo que no me canso de repetir a todo el mundo. Es tan importante, que se lo transmití a mis hijas de niñas y espero ayudarlas a transmitirlo a mis nietos porque me cansé de ver mujeres divorciadas y viudas que no saben ni escribir un cheque. Mis dos hijas están casadas y tienen hijos, pero siguieron adelante con sus carreras. Ninguna mujer debe depender 100% de nadie. La independencia económica te brinda libertad.

> *La independencia económica te brinda libertad.*

El verdadero príncipe azul es tu libertad económica

¿Cuántas nos hemos criado viendo las películas o escuchando los cuentos de hadas donde el príncipe azul llega en el momento justo para salvar a la princesa? La realidad es que si no te salvas tú, no te salva nadie. Y para lograr salir de situaciones difíciles que se presentan en nuestras vidas, todo vuelve a lo mismo: la libertad económica. Esa es tu verdadero príncipe azul, la que te habilita para salir adelante, la que te brinda paz mental y la que te puede ayudar a escapar de un lugar cuando más lo necesites. Conozco o sé de tantas mujeres que tienen maridos que les pegan, que son borrachos, que no las quieren, pero ellas no se atreven a dejarlos y divorciarse porque no tienen dinero. Y ni hablar si tienen hijos. Se vuelven esclavas financieras de sus maridos. ¿Qué tipo de vida es esa? ¿Qué tipo de ejemplo es ese para tus hijos?

DE ESO NO SE HABLA

Las mujeres tienen que poder defenderse, y la mejor defensa es la independencia económica. No sólo tenemos que poder defendernos nosotras mismas, sino que también tenemos que poder sacar adelante a nuestros hijos sin la ayuda de un marido. Es difícil aceptarlo, y por eso es algo de lo cual no se habla a menudo, pero la realidad es que no sabes si un buen día tu marido te va a dejar por una jovencita o si va a sufrir un accidente de avión en un viaje de negocios. Si de pronto te quedas soltera o viuda, y no sabes ganarte la vida, no sólo tú te vas a morir de hambre, sino que tus hijos también.

Sé lo que les digo. Si yo no hubiera tenido independencia económica, se me habría hecho mucho más difícil divorciarme de mi primer marido. Pero cuando me di cuenta de que las cosas no estaban funcionando, el tener una carrera y ganarme mi propio dinero me ayudó a tomar la decisión que debía tomar. El dinero no era un impedimento. Con la angustia que uno puede tener cuando una relación se está terminando, sumarle a eso la falta de independencia económica es como sumarle el peso de un elefante a tus hombros. Si no tienes esta independencia, tus decisiones son regidas por esta falta, lo cual te puede llevar a tomar caminos que no te convienen. Yo estuve con mi ex marido casi ocho años, y me tomó cuatro planear la salida de ese matrimonio sin perder ni la custodia de mi hija ni mi dinero, pero lo logré. Sin la independencia económica, quizá mi camino hubiese sido otro, o el mismo pero aún más duro.

No pongas todos los huevos en la misma canasta

Este es otro consejo que no me canso de repetir porque soy fiel a él: no pongas todos los huevos en la misma canasta. Si pones todos los huevos en una misma canasta, ¿qué pasa si esa canasta se daña? Pierdes todo. Entonces, si dependes 100% de una persona y esa persona desaparece de tu vida, también pierdes todo. Por lo tanto, no deposites todo en otra persona. No dependas completamente de otra persona. Asegúrate de tener algo en qué apoyarte por si un buen día esa pareja no está más. Al dedicarle tu tiempo y trabajo a más de una cosa, y así poner los huevos en diferentes canastas en vez de tenerlos todos en una, si una se rompe, puedes acudir a las demás para salir a flote y seguir adelante. Es decir, si pierdes un trabajo, puedes acudir a otro para ganarte la vida, o si pierdes una pareja, puedes levantarte y echar pa'lante gracias a tu independencia económica.

Desde muy joven, mi papá fue un hombre muy aventurero. Siempre estaba buscando y creando oportunidades de negocios. No le tenía miedo a abrir nuevos caminos, como cuando partió para Arabia Saudita a construir nuevas escuelas en la década de los setenta. En sus emprendimientos, ganaba millones de dólares y, así como los ganaba, quebraba y lo perdía todo porque en realidad a él no le interesaba armar un imperio. Para mi papá era importante poder mantener a su esposa y a sus hijos, y que nos respetaran. Pero su motivación no era crear y establecer algo a largo plazo en términos de trabajo. Al vivir ese sube y baja que conlleva ganar y perderlo todo y volver a ganar, una de las cosas que aprendí fue que nunca, nunca, nunca debemos poner todos los huevos en la misma canasta. Así fue como me establecí como la mujer de los dieciséis trabajos. Y por eso hice revista, al mismo tiempo que hice radio, al mismo tiempo que hice televisión... hacía hasta traducciones de panfletos sobre cómo funcionan los aviones por dentro. Si te pones a buscar, encontrarás cantidad de posibilidades para lograr independizarte económicamente. Por ejemplo, si eres buena cocinera, arma un negocio de pasteles; si sabes hablar dos idiomas, traduce; si estás interesada en bienes raíces, estudia en las noches para sacar tu licencia. La solución hasta la puedes tener enfrente de tu nariz, pero tienes que estar dispuesta a verla. Querer es poder, si estás dispuesta a aprender y cambiar. El sacrificio de tener más de un trabajo no es nada en comparación a la tranquilidad mental que te brinda la independencia económica. De nuevo, repito: ninguna mujer debe depender 100% de nadie.

Aprende a manejar tus finanzas

Parte de ser económicamente independiente es aprender a conocer y manejar tus finanzas. En muchos hogares, es el hombre quien maneja las finanzas, y si este desaparece, la mujer a menudo no sabe ni cómo depositar un cheque. No dejes que este sea tu caso. Dos puntos clave para llevar bien tus finanzas son no tener deudas y aprender a ahorrar. Ambas cosas las aprendí con el tiempo y la experiencia, dándome algunos golpes en el camino y aprendiendo de Marcos, mi esposo, quien es el que maneja nuestras finanzas.

Paga tus deudas

Algo que ocurre con frecuencia en Estados Unidos es la deuda personal con tarjetas de crédito. Uno tiende a olvidarse de que ese pedazo de plástico que usamos para todo en este país, si nos descuidamos, también nos puede quitar la independencia económica por la que tanto luchamos. No dependas de las tarjetas de crédito, y no permitas que arruinen tu vida financiera. Si ya te encuentras con deudas, no dejes que te ahoguen. Todo tiene solución.

Recibí mis primeras tarjetas de crédito cuando era jovencita (algo que hacen mucho las compañías de crédito, porque uno es joven e ingenuo y no sabe en lo que se está metiendo). Como muchos jóvenes con tarjetas nuevas, con un abrir y cerrar de ojos me encontré con una deuda que se me fue de las manos y, como consecuencia, perdí el crédito por siete años. Para pagar mis cuentas, hacía lo que yo llamaba la rifa del sombrero. Echaba todas mis cuentas en un sombrero, metía la mano y sacaba dos. Esas dos eran las que pagaba ese mes, mientras que el resto tenía que esperar hasta el mes siguiente. Y así, poco a poco aprendí a no botar la plata. El secreto es comprender que ganarse el dinero cuesta mucho trabajo, y gastarlo es muy fácil. Es como cuando se está gorda: cuesta mucho trabajo adelgazar y ningún trabajo comerse un postre.

Si ya te encuentras con una deuda, sea pequeña o grande, toma las medidas necesarias para acabar con ella. Esto requiere de mucha autodisciplina, otro concepto que se aplica en muchas áreas de nuestras vidas. ¿Por dónde empezar? La rifa del sombrero es una opción; sin embargo, la mayoría de los expertos concuerdan en estos cinco pasos simples para liberarte de ese peso:

1. No tengas miedo de pedir ayuda. Este es un consejo que se puede aplicar en todas las áreas de tu vida, pero ahora concentrémonos en tus finanzas. Si tu deuda está fuera de control y no sabes cómo hacer, pide ayuda a un profesional. Es como pedirle ayuda a un nutricionista o a un entrenador para bajar de peso y ponerte en forma. En este caso, el profesional te podrá asesorar y enseñar a bajar tu deuda y manejar tus finanzas.

2. Haz una lista de todas las tarjetas de crédito que tengan un saldo pendiente, incluye el número de cuenta, la fecha de vencimiento, el saldo total de la deuda y el interés anual. Esto te ayudará a organizarte y podrás ver cuánto le debes a qué compañía.

3. Deja de usar las tarjetas de crédito. Si continúas usando la tarjeta que estás tratando de saldar, se te volverá un ciclo muy frustrante porque probablemente no veas mucha diferencia en la reducción de tu saldo principal. Algunas personas las sacan de sus carteras y las guardan, otras las cortan para no tener acceso a ellas. Haz lo que sea necesario para no volver a usarlas. La idea es terminar con esa deuda.

4. Paga más del mínimo requerido al mes. La mayor parte del pago mínimo de una tarjeta de crédito va hacia el interés anual de tu deuda. Si pagas más del mínimo, podrás reducir la deuda más rápido porque lo que pagues por sobre el mínimo irá hacia el saldo principal.

5. Concéntrate en pagar la tarjeta que tenga el interés anual más alto primero. Una vez que la termines de pagar, pasa a la siguiente con interés más alto (siempre manteniendo los pagos de las demás a un poco más del mínimo) y así sucesivamente hasta decirle adiós a toda tu deuda.

Recuerda que es como una dieta: si cuidas lo que comes y haces ejercicio, te sentirás mejor. En este caso, si cuidas lo que gastas y haces lo necesario para pagar tus deudas, también te sentirás mejor. Y cuando te encuentres económicamente saludable, al igual que con la dieta, de vez en cuando te podrás dar el gusto de comerte un postre o comprarte lo que te de la gana.

¡Infórmate!

Si necesitas ayuda para manejar tus finanzas y pagar tus deudas, puedes llamar a American Consumer Credit Counseling, una organización sin fines de lucro que ofrece servicios de asesoramiento, administración y educación financiera: 800-769-3571 (ofrecen la opción para hablar con un representante en español).

Ahorra

"Guarda pan para mayo y leña para abril, que no sabes el tiempo que ha de venir", así dice un viejo refrán, y hoy en día lo entiendo más que nunca. Pero no fue siempre así y todavía me cuesta. El concepto de ahorrar no está en mi cerebro. Mi reacción inicial es: guardar, ¿para qué? Si me arrolla un camión, ¿para qué me pasé la vida ahorrando? Pero ese es mi error y no se lo aconsejo a nadie.

Hoy en día, gracias a Marcos y lo que me ha tocado vivir, me he dado cuenta de que el ahorro es fundamental. El problema es que antes pensaba que el dinero nunca se acababa. Nunca me faltó la oportunidad de ganar un billete, sea con dieciséis trabajos a la vez o con uno solo, yo sabía que podía ganarme la vida. Por eso, por muchos años pensé: "Si el dinero se acaba, sales y ganas más". Ahora sé que si bien eso es cierto, el ahorro es fundamental para momentos de emergencia y para la vejez, así como también lo es para la educación de tus hijos.

Es más, muchas de las discusiones que tengo con Marcos surgen a raíz del dinero. Lo que ocurre es que él viene de una familia pobre donde aprendió a ahorrar, y yo vengo de una familia rica donde aprendí que si se pierde este dinero, ya vendrá más. Hasta que un día Marcos me dijo: "Y cuando te pongas vieja, con todos los achaques que tendrás, cuando ni te puedas levantar de la cama para salir a trabajar, ¿qué vas a hacer? Por eso tenemos que ahorrar". Y cuánta razón tenía.

En los últimos diez años, con el diagnóstico de bipolaridad de mi hijo, más la enfermedad de Alzheimer de mi mamá y los achaques que me han dado, ¿qué habría sido de nosotros sin esos ahorros? Lo más probable es que nos endeudáramos hasta la médula y tuviéramos que pasar una gran parte de lo que queda de nuestras vidas pagando las deudas en vez de poder sanarnos y disfrutar de nuestra vejez tranquilos. Marcos me enseñó lo importante que es ahorrar, y tiene razón —le encanta cuando digo eso—. Creo que hay que buscar un balance: debemos poder disfrutar del fruto de nuestro trabajo y a su vez ahorrar para poder enfrentar las diferentes etapas de nuestras vidas con solidez económica.

Cómo manejar el dinero en pareja

Uno de los retos grandes en la pareja es encontrar un sistema financiero que les funcione a ambos, y esto incluye algo que te permita mantener tu independencia económica para nunca sentirte atada ni 100% dependiente de nadie. Esto realmente es una elección personal; no hay un sistema que le funcione a todas las parejas porque cada pareja es diferente. Lo importante es que te comuniques con tu pareja y los dos estén de acuerdo con el sistema que terminen eligiendo.

El sistema nuestro nació cuando Marcos se volvió mi representante. Al ser mi representante, yo trabajo y gano mi dinero, pero él lo maneja, como lo haría cualquier representante de un artista. Además, como Marcos es más organizado y tiene más claro el concepto de ahorrar y manejar las finanzas, él se ocupa de pagar las cuentas y decirme si debo desacelerar el ritmo del gasto, para así mantenernos dentro de nuestro presupuesto. Esto es lo que nos funciona a nosotros, pero no es la receta que siguen todos, ni debe serlo.

Una de mis productoras y su marido, también productor de televisión, están casados hace muchos años y siguen manteniendo su dinero en cuentas separadas. Entonces, a la hora de pagar los gastos del diario vivir, se organizan y los reparten, y de esa manera comparten lo que necesitan pagar para mantenerse. Ese es el sistema que les funciona a ellos. En otras parejas, quizás sea la mujer la que maneje las finanzas —hay cantidad de parejas en las que las mujeres son las que llevan las cuentas—. Nuevamente, es importante recordar que no hay un sistema que le sirva a todo el mundo. Ustedes tienen que descubrir cuál es el que les va mejor a ustedes.

También es importante tener en cuenta que la mayoría de las parejas atraviesan diferentes etapas en las que puede ir evolucionando cómo manejan sus finanzas. A lo mejor al principio cada uno lleva sus cuentas, pero con el pasar del tiempo, quizá uno sea más organizado para eso; entonces es el que tiene el papel de administrador financiero en la pareja. Está en la pareja ir dando estos pasos y tomando estas decisiones con el pasar de los años. Hay que aprender a ser flexible para poder crecer, aprender y evolucionar en pareja e individualmente.

La independencia está en tu mente

Siempre hay que mantener total independencia —tanto de tu pareja como de las tarjetas de crédito, y con una buena cuenta de ahorros— eso creo que ha quedado establecido en este capítulo. Y queda claro que sin independencia económica no hay libertad, pero la verdadera independencia no se encuentra en el dinero que ganas, sino en tu mente.

> *La verdadera independencia no se encuentra en el dinero que ganas, sino en tu mente.*

En nuestros países, los maridos han aprendido a decirles a sus mujeres: "Firma aquí y vota por este candidato", y las mujeres no saben nada de nada. Para lograr independencia económica y la tan deseada libertad e igualdad, es fundamental que aprendas a pensar por ti misma. Mantente informada de todo. Cuanto más informada estés, mejor parada te encontrarás en toda circunstancia de tu vida. Tú no puedes leer un periódico empezando por el horóscopo, seguido por los sociales y luego los chismes de la farándula. No, tú tienes que aprender a leer todas las secciones del diario. Tienes que enterarte de lo que está ocurriendo en el mundo, en la política local, nacional e internacional, y no te saltes la sección de finanzas. Las finanzas no tienen que ver con la platica que alguien te da para tus gastitos. Tienes que aprender de finanzas para poder controlar tus finanzas.

No hay independencia sin independencia económica, y eso es un hecho en el mundo entero, sin importar si eres hombre o mujer. Y para lograr esa independencia, hay que arremangarse y trabajar duro, bien duro. Para lograr ser independiente y cumplir tus sueños debes ponerle el alma a lo que hagas. Espero que encuentres esa inspiración en el siguiente capítulo. Sigue leyendo, que esto sólo es el comienzo.

PONLO EN PRÁCTICA Y APLÍCALO A TU VIDA

1. Para lograr la verdadera independencia, debes buscar la independencia económica. Nunca dependas 100% de nadie.
2. Aprende a ganarte la vida no sólo para lograr tu independencia, sino también para evitar que tú y tus hijos se mueran de hambre si de pronto te encuentras soltera o viuda.
3. Elimina tus deudas de tarjetas de crédito y aprende a ahorrar para el día de mañana (tanto para la educación de tus hijos como para tu vejez).
4. Habla con tu pareja y elijan un sistema financiero que les funcione a ambos para salir adelante económicamente.
5. Mantente informada y continúa aprendiendo para lograr pensar por ti misma y lograr la independencia en tu mente, la cual es aún más rica que la económica.

2

Para triunfar en la vida, haz lo que te apasiona

Se dice que muchas personas talentosas nacen con una vocación, pero yo creo que no nacemos con una vocación; la vocación es algo que se va desarrollando a medida que transcurren nuestras vidas. Se descubre cuando florecen nuestro talento, nuestra pasión y nuestras habilidades. Quizás a algunas personas ese momento les llega a una temprana edad, mientras que a otras les llega un poco más tarde, y otras simplemente tienen que salir a buscarla por su propia cuenta. Estas últimas tienen que regar esa semilla interna para que brote la mata y así puedan descubrir lo que las hace felices. No es un camino fácil, pero es un camino esencial.

> *La vocación es algo que se va desarrollando a medida que transcurren nuestras vidas.*

Hoy en día yo sé que nací para enseñar y motivar a la gente, soy una comunicadora nata, pero esto lo descubrí con el pasar de los años y la experiencia. De niña, ni siquiera veía la televisión, no me llamaba la atención. Me la pasaba leyendo y escribiendo. Es más, lo que más deseaba era ser una escritora, no una periodista. Me encantaba escribir. Siempre tenía a mano una libreta donde anotaba todos mis pensamientos, mis preocupaciones, mis sueños. Si no los tenía en papel, no se me hacían tangibles.

Cuando empecé mis estudios universitarios y llegó la hora de elegir mi especialización, mi papá me preguntó qué pensaba elegir como carrera, y yo, sin dudarlo ni un segundo, le dije: "Quiero ser escritora". Pero mi papá, que estaba en los medios escritos igual que mi abuelo, ya que era el negocio de la familia, cuando escuchó eso, me dijo: "Te vas a morir de hambre". Me explicó que muy pocos escritores logran vivir de su puño y letra. Además, como nosotros éramos exiliados —habiendo venido de Cuba a principios de los sesenta—, era importante elegir una carrera con la que mantenerse. Y me sugirió una alternativa: "Tienes que aprender a escribir en maquinita para que seas periodista y que te paguen, porque si no, te vas a morir de hambre". Con el periodismo era más factible que me pudiese ganar la vida, y así, rápidamente me sacaron de ese camino de escritora. ¡Y mira cuán lejos he llegado! Mientras se fue desarrollando mi carrera como periodista, encontré mi voz y mi vocación: enseñar y motivar a la gente. En 1973 dejé mi trabajo en *Vanidades* y acepté un puesto como periodista para *Cosmopolitan en Español*. Ahí comencé a escribir sobre el feminismo cuando apenas se desataba el movimiento y me fascinó no sólo informarme del tema, sino también poder compartirlo con las lectoras de la revista. Enseñar y motivar a la gente me llenaba, y me sigue llenando, de satisfacción y felicidad.

> ## ¡Infórmate!
>
> El *Diccionario de la lengua española* de la Real Academia Española define "vocación" como la "inclinación a cualquier estado, profesión o carrera". Esto en inglés se llama *"calling"*, lo cual el *Merriam Webster Dictionary* define como "un fuerte impulso interior hacia un curso en particular de acción o deber".

Descubre tu vocación

Definir tu vocación, si todavía no la has podido definir, cuesta mucho trabajo. Y sólo lo puedes lograr con experiencia, no con un sueño. Enfócate, investiga, hazte preguntas, mantén los ojos abiertos, estate atenta a tu día a día, explora más a fondo las cosas que haces bien. Si algo te llama la atención, pruébalo. Nunca sabes qué puerta se puede abrir. En ese instante, no te preocupes tanto por el futuro. Primero, tienes que enfocarte en buscar lo que te gusta. Después, puedes establecer metas para que lo que más te gusta se convierta en tu forma de vida.

Empieza haciéndote algunas preguntas clave y contestándolas con toda sinceridad. Tienes que ser totalmente honesta contigo misma para lograr este objetivo. Lo que siguen son algunas preguntas que puedes utilizar para comenzar a descubrir el camino hacia tu vocación. Anota las respuestas en un papel o una libreta, así luego puedes releerlas y ver si hay algo que te salta de la página como algo que podrías explorar más a fondo.

1. ¿Qué te gusta/apasiona hacer? Para responder esta pregunta, piensa en tus pasatiempos, las cosas que haces que te hacen feliz, lo que te apasiona.
2. ¿En qué te destacas? Acá es importante que pienses en tus habilidades, en las cosas que sabes que haces bien. Piensa también en las personas que te rodean y para qué cosas acuden a ti pidiendo ayuda.
3. Si el dinero no fuese un impedimento, ¿qué elegirías hacer con tu vida? ¿Qué harías por el puro placer de hacerlo, sin pensar en si te alcanzaría para sobrevivir o no? Piensa en tu pasión, tu propósito en este mundo, lo que te haría plenamente feliz.

La honestidad es primordial al responder estas preguntas. Este es el primer paso para lograr descubrir la vocación que hay en ti. No te limites pensando que no puedes ganar dinero con lo que te gusta hacer. El objetivo de hacerte estas preguntas es simplemente descubrir tu pasión. También ten en cuenta que puedes llegar a encontrar más de una cosa que te encante. Ahí entra el tema de tus habilidades. Si hay más de una cosa que te encanta hacer, ¿cuál de todas sientes y crees que puedes hacer bien? Responder estas preguntas te ayudará a enfocarte en lo que se puede transformar en tu vocación.

Muchas veces las pasiones que vemos como imposibles de transformar en una carrera, pueden ser posibles. ¿Eres bueno escuchando a la gente y das buenos consejos? Quizás deberías buscar el camino hacia una carrera en Psicología. ¿Te fascinan los animales? Piensa entonces en trabajar en una veterinaria. Puedes empezar dando pasos pequeños. Tengo una amiga que estaba estudiando Periodismo en la universidad, pero le apasionaba la música. Entonces, ¿qué hizo? Al salir a buscar un trabajo de media jornada para costear sus estudios, se consiguió un empleo en una tienda de música al lado de las universidades de Música más importantes de la ciudad. Ahí conoció a muchísimos músicos, quienes al poco tiempo la llamaron para cantar en diferentes bandas en la ciudad y, así, terminó ganándose unos pesos extra haciendo lo que la apasionaba mientras se formaba en una carrera que también la apasionaba. A veces ni cuenta te das de todo lo que tienes a tu alcance. Pero si no abres los ojos, te puedes perder una gran oportunidad, y hasta quizá te des cuenta de que tienes más de una vocación.

¡Infórmate!

¿De qué color es tu paracaídas?, de Richard N. Bolles, es un libro publicado en 1970 que ha sido actualizado todos los años a partir de 1975 y se considera la guía de cabecera para descubrir cuáles son tus habilidades y lo que más te interesa para conseguir un trabajo haciendo lo que te gusta y en lo que eres bueno. Puede ser otra buena herramienta para ayudarte a descubrir tu vocación.

Sí, pienso que cada persona tiene una o varias habilidades que le son naturales. Pero para algunas personas, esas habilidades resulta que no van con lo que se han dedicado a hacer en sus vidas. Y a veces eso causa frustración. No se debe temer al cambio porque con cada cambio descubres algo nuevo que eres capaz de hacer.

Empieza a hacer lo que te gusta, ahora

Si sientes que no tienes una vocación clara, si sientes que pasas los días haciendo cosas porque hay que hacerlas, no porque te apasionan, es importante que salgas a buscarla. Si te quedas sentado cruzado de brazos sin investigar y hacerte las preguntas necesarias, no vas a lograr encontrar esa pasión, esa vocación, esa cosa que te encanta hacer, donde se te pasan las horas volando y ni te diste cuenta. Pero para llegar a eso, después de hacerte preguntas y ver por dónde empezar, es esencial la acción.

Busca un trabajo en el área que te interesa. Si sueñas con ser chef, consigue un trabajo en un restaurante; ese puede ser el primer paso hacia el cumplimiento de esa gran meta. Nunca sabes qué puertas se pueden abrir, pero si no te lanzas, nunca lo sabrás. Un trabajo te puede llevar a otro trabajo o a otra cosa, y poco a poco irás definiendo tu camino. Cuando empieces a dar estos pasos, no te desalientes si te cierran algunas puertas o si alguna prueba no funciona. Toda experiencia es importante, y poco a poco irás diciendo, por aquí no, por aquí tampoco, ¡por aquí sí! La acción y la experiencia son esenciales para darte cuenta de lo que eres bueno haciendo y lo que no.

Por ejemplo, fue una casualidad, aunque no creo mucho en las casualidades, que yo hiciera una carrera en español. Desde los doce años, cuando llegué a Estados Unidos, todo lo que estudié era en inglés. Me formé en ese idioma como escritora. Lo mío no era escribir en español; no tenía las herramientas necesarias para hacerlo tan bien como en inglés. Entonces, cuando de pronto me encontré escribiendo artículos para *Vanidades*, una revista que va a veintitrés países de habla hispana, no me quedó más remedio que adaptarme a esta gran oportunidad: tuve que enseñarme a escribir en español. Me sentaba con un diccionario inglés/español en la falda —para que no me viera la directora— y buscaba lo que no sabía decir en español y, así, me fui enseñando cómo escribir en este idioma. ¿Por qué español? ¿Porque era mi pasión el idioma? No. Mi carrera en español comenzó así porque era el trabajo que tenía y por ahí se me presentó la oportunidad para subir y adelantar mi profesión de periodista. Pues no soy boba, vi la oportunidad y la hice mía.

Cuando se te presenten oportunidades, aprovéchalas, siempre, siempre, siempre. Hay que estar atenta a lo que se te presenta porque si no logras observar lo que está en frente de tus ojos, puedes estar perdiendo grandes posibilidades. Y no tengas miedo de probar cosas nuevas, las que te llamen la atención pero que nunca te hubieses imaginado haciendo. Eso sí, nunca trates de dedicarte a algo que no te guste —aunque creas que sería una buena idea— porque no funciona, no vas a ser buena en ello. Y si no eres buena en lo que haces, te sentirás frustrada e infeliz cuando lo que debes buscar es lo opuesto.

> *Nunca trates de dedicarte a algo que no te gusta.*

Recuerda, lo que vayas a hacer en la vida, hazlo con pasión. Hazlo a lo máximo. Tienes que estar abierta en la vida porque nunca sabes por dónde puede aparecer una pasión o vocación nueva. Hace diez años, cuando Marcos y yo nos mudamos a la casa en la que vivimos, buscábamos un cambio de vida. Necesitábamos paz. Antes vivíamos en Miami Beach, en una isla, y resultó ser demasiado estímulo, demasiados paparazzi, demasiada locura, y nos dimos cuenta de que ya eso no nos hacía felices. Así fue que encontramos este lugar más tranquilo y privado. La casa vino con unos estanques para peces japoneses llamados "koi" que despertaron curiosidad en Marcos. Así fue que surgió su nuevo pasatiempo. Luego, ese pasatiempo se convirtió en una pasión, y ahora tiene un alto nivel de respeto dentro del grupo de personas que tienen estos peces en la zona. Por eso no me canso de repetir que hay que estar abierto a cosas nuevas porque nunca sabes por dónde te puede surgir una pasión. De eso se trata la vida, de mantener tu universo en constante expansión.

Cuando hayas puesto en acción tu búsqueda para descubrir tu vocación, no dudes también en buscar apoyo, sea en alguien de tu familia, un amigo o, mejor aún, alguien que te sirva de mentor (ve el capítulo 4: "Búscate un mentor y aprende, aprende, aprende"). Así, con tu curiosidad y el apoyo de aunque sea una persona, podrás seguir aprendiendo y sumergiéndote en este nuevo camino en tu vida, y con el tiempo notarás que la pasión por lo que haces te empuja a ser cada vez mejor en lo que haces. Eso realmente no tiene precio.

¡Infórmate!

Hay cantidad de recursos en línea que te brindan información sobre diferentes carreras. Aquí te comparto uno que encontré llamado Career-OneStop, auspiciado por el U.S. Department of Labor. En el siguiente enlace encontrarás una serie de videos en español con explicaciones breves sobre una variedad de carreras en diferentes industrias. Si algo te llama la atención, busca más información y ponte en acción. Nunca sabrás qué hay del otro lado de la puerta si no la abres primero. www.careeronestop.org/videos/careervideosinspanish/career-videos-in-spanish.aspx

La diferencia entre una carrera y un trabajo

No debes confundir el concepto de lo que es un trabajo y lo que significa una carrera, ya que son dos cosas muy diferentes, y en su diferencia yace la clave al éxito. Un trabajo es algo que haces hasta las 5:30 o 6 de la tarde. Si estás pendiente de la hora de entrada y salida del trabajo, y estás loca por regresar a tu vida real fuera del trabajo, definitivamente no estás encaminada en una carrera. Porque una carrera es tu vida entera, es tu pasión, es todo lo que tú quieres. Por una carrera estás dispuesta a entrar más temprano, irte más tarde y hacer el esfuerzo necesario para aprender más y salir adelante sin siquiera pensar en eso como un sacrificio. Lo haces porque te fascina.

Si tú no sientes eso por tu empleo, estás en el sitio equivocado. Por ejemplo, tuve un empleado que trabajó conmigo más de veinte años y no le gustaba trabajar. Me decía que Marcos y yo sólo nos dedicábamos al trabajo y que nos estábamos perdiendo de vivir la vida. Esa vida que tanto ponderaba, al final se le fue de las manos porque se divorció, lo botaron del trabajo y no ha logrado tener la vida que visualizaba. En vez de mirar pa'lante, prestarse atención para ver qué era lo que quería y trabajar para eso, sólo estaba pendiente de la hora para irse a su casa.

Aparte de haber observado este comportamiento a través de los años en la gente que no toma en serio su carrera, también sé lo que es sentir que un puesto laboral se vuelve sólo un trabajo. En 1976 decidí hacer otro cambio en mi carrera. Dejé mi puesto en *Cosmopolitan en Español* por uno mejor pago en el *Miami Herald*, diario que en su momento estaba creciendo a pasos agigantados. Sin embargo, a los seis meses me sentía aburrida. Había comenzado mi carrera periodística en una plataforma internacional, tanto en *Vanidades* como en *Cosmopolitan en Español* y, por ende, de pronto sentí que el *Miami Herald* me quedaba un poco chico. Lo que hacía para desarrollar mi carrera se estaba volviendo un mero trabajo, y eso era inconcebible para mí. Dadas las circunstancias, decidí enfocarme en otra de las cosas que más deseaba: tener una familia. Me casé, tuve a mi hija Titi y dejé de trabajar para enfocarme en mi familia. Pero con el tiempo, Tony —el padre de Titi y mi actual ex marido— me pidió que volviera a trabajar, ya que el dinero no nos alcanzaba. En ese instante, le recordé que yo había dejado mi carrera para empezar una familia con él; si volvía a trabajar, tenía que comprender que eso significaría retomar mi carrera. No soy capaz de estar en una oficina de 9 de la mañana a 5 de la tarde y regresar a mi casa sin desear más; eso es tener un trabajo, y lo que siempre ambicioné fue desarrollar una carrera, y así lo hice.

Lo que Dios te dio, aquellas cosas en las que eres buena, tú sabes cuáles son. Sigue ese camino y date la oportunidad de tener una carrera que te apasione en vez de un trabajo simple y tedioso. Un buen ejemplo de los resultados de no temerle a cambiar un trabajo por una carrera que te apasiona es la historia de Miguel Ángel Pérez, mi maquillador. Él trabajaba en un banco. ¿Sabes lo mucho que odiaba ese trabajo? Lo tenía tan infeliz que un buen día dijo basta y decidió seguir su pasión, su vocación: se hizo maquillador profesional. Hoy en día, no sólo sigue siendo maquillador, sino que se ha vuelto uno de los mejores de nuestra profesión. Pero si no se hubiera atrevido a dejar su trabajo en el banco para seguir su vocación, probablemente hoy seguiría frustrado e infeliz en un trabajo que no le daba nada más que un cheque.

DE ESO NO SE HABLA

La gente que mira el reloj y las horas de entrada y salida de un trabajo nunca llega a nada en la vida. Nunca. Cuando un trabajo se vuelve un sacrificio, es hora de cambiar. Hay que buscar inspiración en lo que uno hace. Si trabajas sólo por el dinero, esa inspiración nunca te llegará. Y sí, el dinero todos lo necesitamos para sobrevivir, pero el dinero no trae la felicidad por sí mismo. Si no haces lo que te gusta, no importa cuánto dinero ganes, nunca llegarás a estar 100% contento con tu vida. Busca hacer lo que te haga feliz.

Mi carrera me hace feliz. Si encuentras esa felicidad, esa pasión por tu carrera, verás que te empujará a mejorar y seguir ascendiendo. Lo mío es la comunicación, soy comunicadora, no importa cómo lo haga, eso es lo que me llena de pasión y alegría. Me encanta motivar a la gente, y Marcos hizo que me diera cuenta de esta habilidad que tenía hace muchos años, cuando era la directora de *Cosmopolitan en Español*, posición que conseguí después de mis años en *Vanidades*. Como directora, lo que ambicionaba para la revista, más allá de hablar de la liberación sexual de la mujer, era transformarla en un manual de superación femenina, para motivar a la mujer latina a que alcanzara el poder adquisitivo y político que se merecía, tanto en Estados Unidos como en sus propios países. En esos días, Marcos y yo habíamos ido a una tienda a la sección de maquillaje —cabe destacar que todavía no era famosa, trabajaba en la revista y todavía no tenía mi programa en la televisión— y cuando la señora me estaba cobrando, me dijo: "Cristina Saralegui, yo quiero que usted sepa que me cambió la vida". "¿Cómo?", le pregunté. Y me contestó: "Yo me divorcié porque usted dejó a Tony". Aquella mujer había leído la columna en la revista donde yo describí el final de mi matrimonio con mi primer marido y se inspiró con mi historia para tomar una gran decisión de vida. Dejó a su marido abusivo y se vino a Estados Unidos con sus hijos porque la inspiré con la historia de cómo dejé a Tony. Al alejarnos, Marcos me dijo: "Oye, ¿tú ves cómo motivas a la gente?".

No, no me había dado cuenta. Pero no soy sólo yo la que motiva a la gente, sino que la gente también me motiva a mí. Si me preguntas a quién me gustaría entrevistar, si pudiera elegir a cualquier persona del mundo, mi respuesta es: una persona común y corriente. Cada día descubro gente común y corriente increíble. A mí no me gusta entrevistar tanto a las celebridades porque la mayoría siempre está a la defensiva. Les gusta mostrar un solo lado de su personalidad, una sola dimensión, para mantener esa imagen de que son perfectas. El público no aprende de eso. La gente aprende de las metidas de pata, y a las celebridades no les gusta hablar de nada que hayan hecho mal, solamente del nuevo disco, del nuevo libro, y por supuesto quieren transmitir la imagen de que son perfectas.

> *La gente aprende de las metidas de pata.*

Prefiero dedicar mi tiempo a descubrir en la gente común y corriente cosas increíbles. Ayer entrevisté a un abogado de inmigración estadounidense brillante, quien hablaba español perfectamente. Las cosas que me dijo ese joven me dejaron con la boca abierta. Cuando le pregunté dónde había aprendido español, me contestó: "Un poco en Barcelona, un poco en México y un poco de los cubanos y puertorriqueños de Miami". Todo lo que dijo en el programa era muy inteligente. Me encantó su forma de pensar y de buscar soluciones a situaciones que parecían imposibles de resolver. Es práctico y dinámico, el tipo de persona que quieres tener como parte de tu equipo de trabajo. Es un muchacho que al verlo a primera vista nunca se me hubiera ocurrido llamarlo para mi programa en español porque era un gringo, rubio, estadounidense. Y vino vestido con ropa de correr, con zapatos tenis y todo. ¡Qué nivel de seguridad en sí mismo! Era brillante. Me gusta que me sorprendan.

Ahora sorpréndete a ti misma y haz el cambio necesario para tener una carrera que te fascine en vez de un trabajo del cual quieres huir.

Puedes tener más de una vocación en tu vida

La vocación se va desarrollando con el pasar de los años y la experiencia, y hasta puede cambiar a mitad de camino. La clave es mantener los ojos abiertos y observar lo que tienes alrededor porque nunca sabes por dónde puede surgir la pasión e inspiración vocacional.

Por ejemplo, a mi lado tengo a un músico que escribe mucho mejor que yo. Quizás si Marcos en vez de ser músico se hubiera dedicado a escribir, habría tenido una gran carrera como escritor porque le resulta muy natural. Pero su pasión era la música y siguió ese camino a pesar de no ser algo que le venía tan naturalmente como escribir. Sin embargo, a través de mucha dedicación y trabajo, se hizo buen músico. Luego, sus metas y deseos evolucionaron, y cuando llegó el momento no dejó que el miedo al cambio lo paralizara.

Cuando me enamoré de Marcos el músico, nunca me habría imaginado lo bueno que iba a ser para los negocios. En aquella época él se pasaba horas practicando, y cuando Gloria Estefan y el Miami Sound Machine explotaron con el gran éxito "Conga", empezaron a irse de gira por el mundo con Marcos como bajista. Con el tiempo, Marcos, que era divorciado, se dio cuenta de que no quería arriesgar otro matrimonio con tantos viajes y tentaciones. Quería concentrarse y estar más presente con su familia. Aunque la música había sido algo que había deseado toda la vida, ahora estaba listo para dedicarse a su familia. Sus metas habían cambiado (ve el capítulo 3: "Las metas son la clave para alcanzar tus sueños") y ese cambio trajo consigo un cambio de carrera y de vocación para él y para mí. Su trabajo ya no iba con la vida que él deseaba. Tomó la decisión de dejar a la banda en el momento máximo de su éxito, y tuvo que empezar de nuevo.

> *Con cambios de carrera y de vida pueden florecer nuevas aptitudes y abrirse nuevos caminos que antes quizás eran inimaginables.*

Los cambios en general son duros, pero bien valen la pena. Para Marcos, dejar la banda fue muy difícil. Fue una caída empinada hasta que empezó a despegar otra vez y descubrió su nueva vocación en los negocios. Hasta ese momento, ¡yo no tenía idea de lo bueno que era para los negocios! Hubo una época en que nosotros ni siquiera usábamos abogados para los contratos porque todo lo hacía Marcos. Si Marcos no se hubiese atrevido a dar ese salto y cambiar de vocación a mitad de camino, quizás nunca habríamos descubierto este gran talento que tenía escondido. Con cambios de carrera y de vida pueden florecer nuevas aptitudes y abrirse nuevos caminos que antes quizás eran inimaginables.

Marcos es el ejemplo perfecto de cómo es posible tener más de una vocación en la vida. ¡Mira el éxito que hemos tenido juntos! No te ates a una sola cosa, no le tengas miedo al cambio. Una vocación bien puede ser para toda la vida, como puede no serlo. Si ves que tu vida ha girado hacia otro lado y tienes nuevos intereses y pasiones, no tengas miedo en explorar ese cambio. Lo importante es hacer lo que te gusta y apasiona, que tenga un propósito y que te haga feliz.

La vocación en los hijos

No sigas los sueños de tus padres, sigue los tuyos. Y si no tienes tus propios sueños, búscalos. Al igual que te aconsejo no seguir los sueños de tus padres, tampoco impongas tus sueños en tus hijos. Ellos tienen que descubrir sus propias pasiones y vocaciones, lo que a ellos los hace felices. Marcos y yo no obligamos a nuestros hijos a estudiar una cierta carrera o seguir nuestros pasos. Al contrario, los impulsamos a que descubrieran su propia vocación y, en el camino, les aseguramos una y otra vez que nosotros los apoyaríamos y celebraríamos sus logros con lo que decidieran hacer como carrera, y así fue.

Si tienes hijos, ayúdalos a descubrir sus pasiones y apóyalos en el camino. Incentívalos a explorar las actividades que les llaman la atención. Nunca sabes por dónde puede nacer una vocación. Si quieren bailar, llévalos a clases de baile. Si quieren hacer deportes, diles que se anoten en los equipos escolares. Si quieren tocar un instrumento, llévalos a clases de música. Y siempre, siempre, siempre incentívalos a leer. La vocación también se puede descubrir leyendo sobre algún tema que quizá ni siquiera sabían que existía. Es importante que ellos sientan el apoyo de ustedes como padres mientras se van desarrollando y van descubriendo su propia identidad y las actividades que más los entusiasman.

La pasión te motiva a llegar más lejos

La pasión te motiva y con la motivación puedes alcanzar tus sueños. No tengas miedo. El miedo te puede impedir cumplir tus metas, te paraliza —no hay que darle espacio al miedo en nuestras vidas—. Hay mucha gente que no cree que pueda hacer ciertas cosas, pero tienes que creer que sí puedes lograr lo que te propones porque tú puedes lograr lo que tú quieras. Sin embargo, para hacerlo, es indispensable no sólo la motivación, sino también la disciplina. No te des por vencida, lucha por lo que deseas. Cuando algo te apasiona es más probable que busques crecer y hacer más con esa pasión porque no tiene fondo ni límite, porque tienes hambre, porque te causa curiosidad.

> *La pasión te motiva y con la motivación puedes alcanzar tus sueños.*

Todo lo que uno hace se debe llevar a cabo con fervor de vivir, con pasión. Busca la manera de cumplir tus sueños. No hay que dejar que la ola venga y se lleve todo lo que deseas. Para triunfar en la vida, tienes que hacer lo que te apasiona. Es la única fórmula para lograr un éxito total.

PONLO EN PRÁCTICA Y APLÍCALO A TU VIDA

1. Define tu vocación.
2. Ponte en acción y busca un trabajo en el campo que te interesa.
3. Aprovecha las oportunidades que se te presentan.
4. Reemplaza tu trabajo por una carrera.
5. No le tengas miedo al cambio; la pasión te motivará para alcanzar tus sueños.

3

Las metas son la clave para alcanzar tus sueños

magina que estás en un barco, en el mar, y tienes un sistema de navegación y quieres ir a Hawái. ¿Qué le pones a ese GPS? La respuesta lógica es Hawái. Pero si en vez de Hawái, le pones Estambul, ¿qué pasaría? Claramente no vas a llegar a Hawái. Eso es una meta, el destino que pones en tu GPS para llegar al lugar deseado. El GPS es el equivalente al mapa de tus sueños, de tu vida, donde tienes todas tus metas anotadas y los caminos trazados para cumplirlas. Con este mapa en mano podrás hacer de tus sueños una realidad. Piénsalo, si tú no sabes para dónde vas, vivirás un poco perdido en la vida, sin saber para qué lado dirigirte, sin saber lo que realmente te haría feliz. Si no sabes hacia dónde te diriges, nunca llegarás al destino deseado.

> *Si no sabes hacia dónde te diriges, nunca llegarás al destino deseado.*

Todos queremos triunfar a nivel profesional, en el amor, con la familia, pero para lograrlo necesitamos hacernos varias preguntas, empezando con lo que significa triunfar en la vida para cada uno de nosotros. Por ejemplo, algunas de mis metas importantes fueron: defenderme en la vida, ganar dinero para no depender de nadie, no ser invisible y darle voz a mi gente. ¿Qué es importante para ti? ¿Qué quieres lograr en las diferentes áreas de tu vida? Estas son las primeras preguntas que te debes hacer para empezar a pensar en lo que realmente quieres lograr en tu vida.

Lo bueno de saber cuáles son tus metas y establecer qué tienes que hacer para alcanzarlas, es que al revisar este mapa que te has trazado, al igual que con un GPS, podrás observar cuándo te sales de tu recorrido y tendrás que encontrar la manera de volver a encaminarte para llegar a tu destino. Al crear este mapa personal, tienes que delimitarlo bien, trazar claramente las avenidas principales que te llevarán a cumplir tus metas, así como calles alternativas, por si te viras en el camino. Muchas veces, cuando cumplas una meta o un sueño, y mires hacia atrás, verás que no necesariamente llegaste por la avenida principal en donde inicialmente comenzaste ese viaje. Pero al mantenerte enfocada, nada te impedirá llegar a tu destino.

Si todavía no tienes metas o sueños que quieras alcanzar, abre bien los ojos y mira a tu alrededor para descubrir qué te inspira, qué te llama la atención, qué deseas. Piensa en cómo te ves en el futuro, cómo te gustaría vivir, qué te encantaría lograr en tu vida. Marcos, por ejemplo, viene de un pasado y una familia muy pobre. Al crecer, sólo conocía su barrio y lo que lo rodeaba en aquel lugar, pero le apasionaba la música. Cuando comenzó a tocar con Miami Sound Machine, se le abrieron otras puertas. Tocaban en fiestas privadas y un día se encontraba en Gables Estate y otro

Todo es posible si te lo propones.

día estaba en una casa gigante en Miami Beach, y de pronto dijo: "Espera un minuto, ¿esto existe? Esto es lo que yo quiero. Algún día quisiera tener una casa al lado del agua". Y años más tarde, ese sueño se hizo realidad.

Tienes que combinar la imaginación y los sueños que genera tu mente con un plan para llevarlos a cabo. Se puede hacer. Todo es posible si te lo propones.

Traza tus metas a corto y a largo plazo

Hace un momento comparamos el mapa de tus metas con un GPS. Bueno, si lo quieres ver de otra forma, este mapa también es como el plano de un edificio y tú eres el arquitecto que tiene como meta construir este edificio. El primer paso que todo arquitecto debe dar es dibujar el plano. De igual manera, tienes que sentarte a pensar en tus sueños y cómo los vas a alcanzar, tienes que trazar tus metas a corto y a largo plazo. Una vez que el arquitecto tiene el plano dibujado, empieza el trabajo duro. Debe comenzar a construir el edificio. El plano es sólo el comienzo, pero es un paso esencial. Ese mapa que tú tienes que dibujar es lo que te ayudará a ver, a gran escala, hacia dónde quieres ir, pero para llegar a tu destino deseado, el mapa solo no es suficiente. Debes estar listo para poner manos a la obra.

Las metas a largo plazo son aquellas que no ocurrirán de la noche a la mañana (como construir un edificio). No te desesperes, sé paciente y sigue regando las semillas sembradas, que pronto podrás disfrutar los frutos de tu cosecha. Mientras tanto, concéntrate en las metas a corto plazo, las que puedes cumplir en menos tiempo. Por ejemplo, tu meta puede ser inscribirte en una clase de fotografía porque te divierte tomar fotos. Al ir a un instituto, inscribirte y comenzar a tomar las clases, logras cumplir esa meta a corto plazo. Puede que eso quede ahí y luego desees aprender otra cosa, pero también está la posibilidad de que esta meta a corto plazo te abra el camino a otra meta nueva, como la de ser un fotógrafo profesional. Ahí tendrás que trazar una serie de metas a corto plazo para lograr esta nueva meta a largo plazo. Como verás, una meta puede llevar a otra y a otra y a otra. Está en ti ver hacia dónde te quieres dirigir.

> *Una meta puede llevar a otra y a otra y a otra. Está en ti ver hacia dónde te quieres dirigir.*

Mis primeras metas las definí a mis doce años, ya viviendo en Key Biscayne. Un día, mientras mi hermana y yo ayudábamos a mi mamá a poner la mesa, le pregunté a mi mamá: "¿Y por qué Patxi no tiene que poner la mesa?". Había observado cómo sólo las mujeres éramos las que hacíamos esto, pero mi hermano Patxi no. No entendía por qué los hombres no participaban en estas cosas. Y mi mamá me respondió sabiamente: "Porque en la vida todo el mundo tiene que justificar su existencia trabajando. Los hombres trabajan en la calle y traen el dinero para la casa. Las mujeres trabajamos en la casa apoyándolos. Lavamos los platos, cocinamos y hacemos todos los quehaceres de la casa". Como yo odiaba los quehaceres de la casa, como lavar los platos, cocinar y poner la mesa, en ese instante me di cuenta de que iba a tener que trabajar bien duro en la calle para ganar el dinero para mi familia. Así establecí mi primera meta a largo plazo: trabajar duro y evitar la cocina a toda costa.

Volvamos al ejemplo del edificio, una meta a largo plazo.

Para lograr una meta a largo plazo, debes trazar metas a corto plazo específicas que te ayuden a cumplir tu sueño. En este caso, para lograr tener un edificio habitable, tienes que empezar por lo básico, los cimientos. Luego se deben elevar las paredes, instalar la electricidad y la plomería y darle varias manos de pintura. Cada uno de esos pasos son metas cortas que se deben cumplir para finalmente conseguir la meta a largo plazo: el edificio terminado. Sin estos pasos previos, el edificio nunca existirá.

Otro gran beneficio de las metas a corto plazo es que al cumplirlas, sentirás que sigues avanzando hacia tus metas más grandes. Se hace tangible el progreso y tus metas más importantes se van acercando. Es como la luz al final del túnel que brilla cada vez más fuerte a medida que vas acercándote a ella. La satisfacción de cumplir tus metas, tanto las cortas como las largas, no tiene precio. Es importantísimo que tengas presente que los sueños grandes, si se dividen en metas a corto plazo, los podrás cumplir.

> *Los sueños grandes, si se dividen en metas a corto plazo, los podrás cumplir.*

Para establecer estas metas, tienes que seguir haciéndote preguntas básicas que te ayudarán a descubrir tu camino. Anota todas las respuestas y luego reléelas para ver qué salta de la página como algo importante en tu vida que quieres alcanzar. Esa es una meta. Al hacer este ejercicio, tienes que ser muy específica. Por ejemplo, si dices: "Yo quiero ser rica". Bueno, ¿qué significa eso para ti? ¿Cuánto dinero necesitas para ser lo que tú consideras rica? ¿Para ti la riqueza equivale a dinero o incluye otros aspectos de la vida?

Es importante indagar en tu corazón, mente y alma, para

llegar a las respuestas más específicas y honestas de lo que deseas en tu vida. Por eso digo que la ambición tiene tamaños y las metas deben ajustarse a lo que tú deseas. Yo, por ejemplo, no quiero ser tan famosa como Michael Jackson o Madonna. La fama tiene un doble filo muy grande. Llega un momento en el que hay un límite, y todos tenemos un límite que no deseamos cruzar. Me gusta tener dinero para no tener que preocuparme por él, pero no quisiera que el dinero fuera la única motivación de mi vida, y conozco a mucha gente así. Al establecer tus metas, no busques trabajar sólo por dinero, si trabajas en algo que amas, y eres muy buena haciéndolo, el dinero viene solo. Trázate un camino en busca de tu felicidad.

DE ESO NO SE HABLA

Las metas existen para todas las áreas de tu vida, tanto tu vida profesional como la personal, la familiar, la espiritual y mucho más. Sin embargo, hay un área de la vida a la que muchos no le prestan atención: la salud. No se habla mucho de esto como una meta, pero mi gente, sin salud no hay vida. Puedes establecer todas la metas que se te antojen, puedes dibujar tu mapa e incluir hasta el más mínimo detalle de lo que quieres lograr en tu vida, pero si no incluyes tu salud, ese mapa te servirá de decoración porque no lo podrás utilizar. La salud es una meta esencial que debemos tener todos en nuestra lista porque sin salud, no podremos lograr todas las demás.

Las metas visibles se vuelven metas realizables

Una vez que te hayas hecho todas las preguntas iniciales para reconocer cuáles son las metas más importantes en cada área de tu vida, es hora de anotarlas. Al escribirlas en un papel, o en tu computadora, o al pegarlas en tu cartelera de corcho, será más fácil verlas, evaluarlas, adaptarlas a los cambios de tu vida y cumplirlas. Puedes utilizar el método que más te guste, y con el tiempo este método puede cambiar, pero lo importante es que tus metas sean visibles.

Cuando alguien quiere adelgazar, a menudo se recomienda que la persona pegue en su refrigeradora una foto de cuando era flaca o de alguien con un cuerpo admirable, para poder ver esa imagen, ese recordatorio, a diario y así no perderse en el camino para lograr un peso saludable. Anotar tus metas tiene el mismo propósito. Busca una libreta especial y dedícala sólo a tus metas, abre un documento en tu computadora y úsalo sólo para anotar tus metas, elige tu medio preferido, sea cual sea, pero por favor escríbelas. No sirve solamente pensarlas. Si no las anotas, alguna se te puede olvidar o la puedes relegar a un segundo plano. Pensar en papel es clave. Cuando tú escribes las cosas, se materializan. Esto te ayuda a realizar lo que quieres, pero también a evaluar lo que no has logrado cumplir y repasar el método o el camino para finalmente llegar a esa meta.

Al escribir tus metas es muy importante ser específica, muy específica. Si quieres tener una casa grande, pregúntate cuán grande y dónde la quieres. Una casa grande para ti puede ser diferente a lo que es para otra persona. Tienes que ser específica. También es clave ponerles fecha límite a tus metas. Trázate metas diarias, semanales, mensuales, anuales y a largo plazo, y anota la fecha en la que quieres cumplir cada una. De esta manera podrás evaluar si sigues bien encaminada o si debes hacer ajustes para llegar a la meta y fecha indicadas. Aquí entra la pregunta ¿cuándo? ¿Cuándo quieres tener esa casa? ¿Cuándo deseas tener tu propio negocio? Las fechas te ayudan a rendir cuentas a ti misma para ver si estás logrando lo que te propones en el tiempo deseado, si te estás dando suficiente tiempo o si quizá no estás haciendo todo lo necesario para lograr tu meta.

Ser así de específica te lleva a algo llamado visualización. Hablaremos más a fondo de este tema en el capítulo 19: "La espiritualidad es un cable a tierra", pero es clave hacer la conexión aquí de la importancia que tiene ser así de detallista con tus metas. Visualizar esas metas, poder verlas tan detalladamente, me ha llevado a conseguir todo lo que tengo.

¡Infórmate!

El *Diccionario de la lengua española* define la palabra "visualizar" como "formar en la mente una imagen visual de un concepto abstracto" o "imaginar con rasgos visibles algo que no se tiene a la vista".

Visualizar lo que deseo es algo que comencé a hacer durante mi primer matrimonio, en una época en que la visualización no se conocía como lo que es hoy en día, no estaba de moda ni se hablaba abiertamente de este concepto ni de la ley de atracción. Simplemente me nació hacerlo por instinto. Tenía que ver también con mi trabajo en aquellos tiempos. Como dirigía una revista, para hacerla tenía que leer otras revistas, al igual que para hacer un libro tienes que leer otros libros. Bueno, al leer las otras revistas recortaba artículos e imágenes que me inspiraban para hacer la nuestra. Leía revistas de todos lados —las francesas, las italianas—, y exponerme a este material era como viajar por el mundo. Recortando estas revistas aprendí cuán maravillosa y grande puede ser la vida, y así fue que empecé a recortar imágenes de las cosas que quería lograr en mi vida y, en retrospectiva, esos fueron mis primeros ejercicios de visualización. De ahí en más, la visualización se volvió un paso esencial en mi vida para cumplir mis metas y mis sueños, tanto a corto como a largo plazo.

La clave para cumplir tus metas

No es fácil lograr las metas —para nadie lo es—, pero si te convences de que vas a lograr algo, lo más probable es que lo logres. Son el poder de la visualización y la ley de atracción. Tu peor enemigo en este camino es el negativismo. Aléjate de todo lo que te tire para atrás, lo que te ancle en un lugar, lo que no te permita echar pa'lante. Eso no lo quieres en tu vida. Rodéate de gente que empuje hacia tu lado, que te apoye y te incentive a seguir cuando crees que no puedes más. Esas son las personas y la energía que te van a ayudar a conseguir tus metas y cumplir tus sueños.

Si otros han logrado cumplir sus metas y sueños, tú también lo puedes hacer. Averigua cómo fue el camino al éxito de la gente que admiras. Fíjate en la disciplina y trabajo que aplicaron en sus caminos para llegar al destino deseado. Aprende de ellos e inspírate para trazar tu propio camino y lograr lo que te propones (ve el capítulo 4: "Búscate un mentor y aprende, aprende, aprende"). Si le metes buena energía y trabajo duro a lo que haces, todo es posible.

¡Infórmate!

Una encuesta del 25 de noviembre de 2013 del *Washington Post* y el Miller Center indica que la fe que tienen los hispanos en el sueño americano excede la que tienen los anglosajones y los afroamericanos. Aunque este optimismo no refleja la situación económica de los hispanos en Estados Unidos, esta buena energía, combinada con acción y trabajo duro, puede hacer que la situación económica cambie y que el sueño americano no permanezca en nuestros sueños sino que se transforme en realidad para muchos de nosotros.

Todo lo que uno hace se deber llevar a cabo con fervor de vivir, con pasión. Lo difícil se presenta cuando la gente vive la vida como un robot y no tiene pasión o sueños o metas. Hay personas que simplemente no tienen perseverancia, si no se les da algo de entrada, levantan los brazos y se dan por vencidas. No dejes que la ola venga y se lleve todos tus sueños. Nada te va a pasar si no sales a buscar, crear y luchar por lo que deseas.

Entonces, para cumplir tus metas, tanto las de corto plazo como las más grandes, tienes que incorporar estos cinco principios en tu vida:

1. la pasión
2. la motivación
3. la autodisciplina
4. la perseverancia
5. la flexibilidad

1. La pasión

Hemos hablado a fondo de la importancia de tener pasión por lo que haces en el capítulo 2, pero vale la pena recordarlo una vez más. Nunca trates de dedicarte a algo que no te guste porque eso se volverá un simple trabajo en vez de una carrera. Para triunfar en la vida, tienes que hacer lo que te apasiona. Sin pasión, no encontrarás la motivación para cumplir tus metas.

2. La motivación

Hay motivación negativa y motivación positiva. Muchos se la pasan mirando lo que hacen los demás y comparándose con ellos para así lograr lo mismo. Eso se llama motivación negativa. ¿Por qué? Bueno, porque pierdes mucho tiempo concentrado en lo que está haciendo el resto del mundo en vez de concentrarte en lo tuyo. Si sigues así, nunca vas a estar contento porque el otro siempre va a tener algo que tú no tienes. Otra persona no puede vivir tu vida y tú no puedes vivir la de otra persona. Tienes que vivir tu vida y estar feliz con lo que haces y lo que logras *tú*.

Cuando te concentras en tu camino y vas viendo cómo ciertos planes o metas se te van cumpliendo, eso te crea una motivación positiva para seguir adelante hasta lograr hacer realidad tus sueños. Por ejemplo, la gran motivación de Marcos era ser músico, tener fama, poder viajar, poder ver el mundo, poder ganar di-

> *El camino no es fácil, pero si te mantienes apasionado y motivado, verás que el esfuerzo bien valdrá la pena.*

nero. Y, con mucho trabajo y esfuerzo, lo logró. Busca la fuente de motivación que te encienda las ganas de echar pa'lante, porque el camino no es fácil, pero si te mantienes apasionado y motivado, verás que el esfuerzo bien valdrá la pena.

3. *La autodisciplina*

Las metas grandes tardan más en cumplirse. Son los sueños grandes que anhelamos hacer realidad, ese destino que deseamos alcanzar con todo nuestro corazón. Para llegar a ese punto, una de las herramientas básicas es la autodisciplina. Tienes que levantarte día tras día y mantenerte enfocada en lo que quieres lograr. Es como todo en la vida, la disciplina es clave para cumplir con lo que nos proponemos.

Hay gente que tiene talento pero anda perdida porque no se aplica, porque no tiene disciplina. Otros tienen metas claras pero no tienen la disciplina necesaria para llevarlas a cabo. Hay que tener disciplina, mi gente. No importa si tienes un día en el que estás inspirado o no, tienes que tener la disciplina para empezar a trabajar y, al hacerlo, es posible que esa inspiración que buscas, llegue. Está todo relacionado, así que úsalo a tu favor.

La disciplina va de la mano de la organización y la administración de tu tiempo. Hoy en día existen muchísimas distracciones, que si Facebook, Twitter, tu correo electrónico, el teléfono celular, los videos de gatitos en Internet, todo eso te come mucho tiempo. Y ese tiempo lo podrías estar utilizando para alcanzar tus metas. No te digo que dejes de usar todas estas cosas, simplemente tienes que aprender a manejar tu tiempo de tal manera que estas cosas no ocupen varias horas preciadas de tu día. Organízate y controla tu tiempo. Evalúa cómo usas las horas de tu día y busca el tiempo necesario para hacer los esfuerzos que requieren tus metas, sea aprender algo nuevo, mandar currículos a compañías que te interesan, pasar más momentos con tu familia o regalarle tu tiempo a personas necesitadas.

Para no distraerte con todo lo demás y poder enfocarte en lo importante, tienes que tener disciplina. Una vez que hayas establecido un buen nivel de autodisciplina, es importante seguir pa'lante, mejorar, superarte y no darte por vencida.

4. La perseverancia

Hay veces en que tú empiezas a estudiar algo, pero no lo entiendes, te encuentras trabada. Entonces lo lees otra vez, lo estudias de nuevo, e igual te cuesta comprenderlo, y quizá recién la décima vez que lo ves, ahí es cuando te hace el clic, finalmente lo comprendes y ahí ya lo haces tuyo. Eso se llama tener perseverancia. Por ejemplo, cuando empecé en televisión era muy mala leyendo el apuntador. En vez de quedarme trabada en eso, decidí ir a una escuela de televisión donde me enseñaron a hacerlo con naturalidad. Nunca te des por vencida; persevera y sigue siempre mejorando tus herramientas de trabajo.

Tú puedes lograr lo que tú quieras si te enfocas y no te das por vencida. No tengas miedo. Todos los problemas tienen solución. Y prepárate porque te vas a encontrar con muchas piedras en el camino, varios problemas inesperados, y no puedes dejar que estos bloqueen el camino hacia tus sueños. En vez de cruzarte de brazos y rendirte ante lo que no sabes hacer o lo que no

> *Tú puedes lograr lo que tú quieras si te enfocas y no te das por vencida.*

sabes manejar, enfréntalos, atraviesa tus miedos y di en voz alta: "Yo soy capaz de aprender esto". "Yo soy capaz de hacer esto". Porque lo eres, simplemente tienes que creer en ti y tener perseverancia. Sigue intentando. Si un camino no funciona, busca una alternativa. Verás que la perseverancia te dará muy buenos resultados.

5. La flexibilidad

La flexibilidad es el último en esta lista de secretos para ayudarte a cumplir tus metas, pero es igual de importante que los demás. Si tienes pasión por lo que haces, te encuentras motivada, tienes autodisciplina y perseverancia, pero no tienes flexibilidad, lo más probable es que en algún momento te des contra una pared. Porque si estás yendo por un camino y te encuentras con una pared, y crees que ese es el único camino que te puede llevar a tu destino, te quedarás clavada en ese punto sin poder seguir. Ahora, si eres flexible de mente y espíritu, si dejas tu rigidez a un lado, probablemente puedas mirar a tu alrededor y encontrar un camino alternativo para darle la vuelta a la pared y seguir pa'lante hacia el sueño deseado.

Cuando establezcas tus metas, tienes que mantenerte abierta a aprender y cambiar en el camino. Nunca sabes con qué te tropezarás, pero si eres flexible, aprenderás de estos pasos en falso y podrás adaptarte a las circunstancias sin dejar que

> *El perfeccionismo es el enemigo del éxito.*

estas te prohíban cumplir tus sueños. Recuerda: el perfeccionismo es el enemigo del éxito.

Cuando intentas hacer algo y no resulta, y sigues intentando hacerlo de la misma manera, a la perfección, una y otra vez, te puedes llegar a morir en el intento por la falta de flexibilidad. Tienes que poder virar de un curso si ves que ese camino tiene demasiadas complicaciones. Hay otras alternativas, pero si eres perfeccionista e inflexible, nunca te vas a dar la oportunidad de ver las otras avenidas que te pueden llevar al mismo resultado. Seguir haciendo lo mismo y esperar resultados diferentes es la marca de la gente loca y testaruda. Esa no soy yo, y espero que tú tampoco lo seas. Hay que probarlo todo y tener vías alternativas: tu ingenio te puede llegar a sorprender.

Ajusta tus metas a los cambios en tu vida

Mientras vas creciendo y aprendiendo, las metas tienden a cambiar contigo, en especial en los momentos más importantes de tu vida, como puede ser ir a la universidad, dejar un trabajo por otro o formar una familia. Cuando llegan estos hitos en tu vida, es necesario parar y darte tiempo para pensar, recapitular, mirar tu mapa personal, reformular ciertas metas, elegir el siguiente camino y luego lanzarte otra vez pa'lante.

Por ejemplo, mi meta inicial al comenzar mis estudios universitarios era ser escritora, pero decidí tomar el consejo de mi padre y estudiar Periodismo. Cuando hice eso, mi meta principal estaba bien clara: ser periodista para ganarme la vida, pero eventualmente dedicarme a escribir. Sin embargo, con el pasar del tiempo y la suma de responsabilidades, me di cuenta de que tenía que velar por mis padres, por mi familia inmediata, por mi familia laboral, y la meta de ser escritora la reemplacé por seguir desarrollando mi carrera como comunicadora. Me mantuve abierta y flexible a las oportunidades que me fue brindando la vida, y fui adaptando mis metas de acuerdo a cada etapa de mi vida.

No sólo debes evaluar tus metas cuando te llegan grandes cambios en la vida. Tienes que encontrar el método que te sirva a ti. Es importante volver a la lista de tus metas y hacer los ajustes necesarios para seguir adelante. Al releer lo que escribiste, es posible que te des cuenta de que algunas cosas cambiaron en tu vida y estos cambios tienen que verse reflejados en tus metas. Puede ser que ya hayas cumplido algunas metas, que ciertos sueños hayan evolucionado y otras cosas ya no tengan la misma importancia que antes. Por eso es importante hacer tres cosas al repasar tus metas:

1. Cada vez que consigas algo de tu lista de metas, táchala de la lista.
2. Si ves metas desactualizadas, quítalas de tu lista o modifícalas para que reflejen tu presente.
3. Agrega las metas nuevas que hayan surgido en tu vida.

Repasar tus metas es esencial para estar al día con lo que quieres lograr en tu vida y lo que has logrado. Cuando taches una meta de la lista porque ya la has logrado, toma un momento para recordar el camino recorrido para alcanzarla, y felicítate. Que te sirva de inspiración y motivación para seguir adelante con las demás. Cuán a menudo deberías repasar tu lista de metas depende de ti. Lo puedes hacer todos los días, todas las semanas, todos los meses, lo que mejor vaya con tu personalidad.

Hay personas a las que les gusta revisar sus metas y agregar las nuevas al comienzo del año nuevo. Tengo un amigo que aprovecha el día de su cumpleaños para repasar su lista de metas y ver qué ha logrado, qué debe cambiar y qué le queda por hacer. A mí me gusta repasar mis metas cuando experimento cambios en mi vida. Es más, aunque decidas repasar tus metas en otro momento, me parece esencial que también lo hagas cuando te toca vivir un cambio grande en tu vida, sea la pérdida de un trabajo, tener hijos, el fallecimiento de un ser querido, tu casamiento o la llegada a la tercer etapa de la edad. Son momentos clave que requieren atención.

Como he mencionado antes, de jovencito, la gran motivación de Marcos era ser músico, tener fama, poder viajar, poder ver el mundo, poder ganar dinero… y lo logró. Pero en el camino, decidió modificar estas metas porque una vez que llegó a esa etapa de su vida, comprendió que no iba con lo que él quería ahora. Su deseo de tener fama, viajar y vivir de la música, cambió. Ahora quería estar cerca de su familia, levantarse sabiendo en qué ciudad se encontraba y tener la posibilidad de echar raíces en un solo lugar. Entonces, le tocó modificar sus metas. Los cambios no son nada fáciles, pero Marcos aprendió a ser feliz con lo que tenía y esa felicidad le abrió otras puertas hacia nuevas metas y nuevos sueños.

Cuando llega el momento de establecer nuevas metas, la vida te lo indica. Por ejemplo, yo estuve en un trabajo veintiún años, lo perdí y de pronto necesité plantearme nuevas metas para seguir pa'lante. No

> *Cuando llega el momento de establecer nuevas metas, la vida te lo indica.*

importa si es enero, marzo o noviembre, si sientes que debes repasar tus metas y hacer modificaciones, ¡hazlo! Repásalas, escríbelas y, lo más importante de todo, acompaña cada meta con acción. Así lo hago yo. Para cada meta hago un plan de acción y luego pongo mi lista de metas en un lugar visible y las leo todos los días. En mi baño tengo una cartelera de corcho donde pego mis listas y recortes de las metas que quiero lograr. Es más, también he dejado algunas cosas que quería y ya se me dieron porque verlo todo junto en una cartelera me sirve como un recuerdo diario de la clase de vida maravillosa que tengo, porque a veces se nos puede olvidar.

¿Y qué vas a hacer después de alcanzar tus metas? ¡Nuevas metas que se ajusten a tu presente! No tengas miedo de soñar y crecer. Cuando yo me casé con Marcos, le pregunté: "¿Qué esperas de mí? ¿Qué quieres?". No quería meter más la pata como hice con Tony. Quería poner todo sobre la mesa. Y él me contestó: "Bueno, como yo veo mi vida contigo es que al final de mi vida haya una mesa grande llena de hijos y de nietos". En ese instante, eso se convirtió en mi meta. Y el otro día durante la cena de Acción de Gracias le dije: "Abre los ojos y mira bien, porque eso es lo que tienes aquí". Hay veces que tus metas ya se te dieron y ni te das cuenta. Por eso es importantísimo repasar tu lista y reconocer y felicitarte cuando las hayas logrado.

Al final de mi autobiografía, *Cristina: Confidencias de una rubia*, describí cómo me veía en el futuro, y enumeré esas metas generales:

"En un futuro no muy lejano me veo en Villa Serena, mi casa de Miami Beach, con mis tres hijos y mis nietos, escribiendo mis libros. Veo a mi Marc feliz, como está hoy en día con su compañía exitosa y realizándose cada vez más en lo personal al poderse involucrar en todo aquello que realmente le interese. Me veo recordando lo que ha sido esta locura de ser la conductora de un programa de televisión diario, aunque considero que ha sido una locura divertida, altamente positiva. Y me veo dando gracias a Dios por lo feliz que he sido".

Ahora, diecisiete años más tarde, al releer aquel párrafo, me emociona reconocer que aquellas metas fueron logradas. Ya no vivimos en esa casa (meta y deseo que claramente cambió con el tiempo), pero sí estoy rodeada de mis hijos y mis nietos. Marcos es exitoso y se realiza a nivel personal en todo lo que le interesa. Y, más allá de la cantidad de cosas que hago para continuar desarrollando mi carrera como comunicadora, me he dado el espacio para plasmar estas ideas en papel y escribir este libro, en donde justamente he utilizado, entre otras, mis experiencias de todo lo vivido como conductora de un programa televisivo diario, para continuar motivando a mi gente. Y, entretanto, le agradezco y le seguiré agradeciendo a Dios por lo feliz que soy al haber podido cumplir mis grandes sueños.

No es fácil cumplir las metas grandes ni hacer realidad tus sueños, pero sí es posible. Cada meta tiene su precio. Algunas requerirán más sacrificios que otras. Quizás no puedas ver la telenovela que tanto te gusta o no podrás estar en todos los eventos escolares de tus hijos porque tendrás que dedicarle más tiempo al trabajo. Sin embargo, si estás dispuesta a hacer estos esfuerzos para cumplir tus metas, ponerle más tiempo al trabajo te rendirá una carrera de la cual estarás orgullosa, y esa carrera por la que quizá tuviste que sacrificar algún evento escolar de tus hijos, a su vez te va a permitir mandarlos a la universidad. Si el precio y el sacrificio que requieren tus metas al final del camino valen la pena, *¡pa'lante, pa'lante, pa'trás ni pa' coger impulso!*

PONLO EN PRÁCTICA Y APLÍCALO A TU VIDA

1. Hazte las preguntas necesarias para trazar tus metas a corto y largo plazo.
2. Escríbelas en una lista y usa el poder de la visualización para materializar lo que deseas.
3. Busca hacer con tu vida algo que te apasione, úsalo como motivación y sigue adelante con autodisciplina, perseverancia y flexibilidad para cumplir tus sueños.
4. Repasa tus metas y ajústalas a los cambios de tu vida.
5. Felicítate por las metas cumplidas, establece más metas y acompáñalas con acción.

Búscate un mentor y aprende, aprende, aprende

Hemos hablado hasta ahora de la importancia de la independencia económica, la pasión por lo que haces y cómo para cumplir tus sueños debes establecer metas. Una vez que hayas pasado por estos paso iniciales para encaminar tu vida hacia el destino que más deseas, el próximo paso es trabajar y aprender. Tienes que ser una esponja, tienes que absorber todo el conocimiento posible en tu trabajo y en tu vida. El aprendizaje lo debemos llevar con nosotros durante nuestras vidas enteras. No importa qué edad tengas, nunca dejes que se apague tu curiosidad. Sigue aprendiendo hasta tú último día en esta Tierra.

Cuando te toque dar los primeros pasos para cumplir tus metas, la esencia del éxito se encontrará en estar abierto a aprender, y para hacer eso bien en tu carrera y en tu vida, lo mejor que puedes hacer es buscarte un mentor, o varios.

Un mentor te guiará, te dará consejos, te brindará apoyo, te alentará y también te dirá cuando no estés haciendo bien algo. Es la persona que admiras, que respetas, el ejemplo de lo que tú algún día quisieras ser o deseas lograr con tu vida. Puede ser

¡Infórmate!

La definición de "mentor" en el *Diccionario de la lengua española* es directa y simple: "consejero o guía". La palabra viene de la mitología griega. Méntor fue el amigo de Odiseo, a quien este encomendó el cuidado de su hijo Telémaco y de su palacio cuando se fue a la guerra de Troya. Atenea —la diosa de la sabiduría, la valentía, la inspiración y más— se disfrazó de Méntor para acompañar a Telémaco en la búsqueda de su padre Odiseo, y le sirvió de consejera. De ahí nace el significado de la palabra "mentor", tanto en español como en inglés.

tu mamá, tu papá, un tío, un primo, un amigo, un colega o un jefe. Si alguien a quien tú admiras te toma bajo su ala, no desaproveches esta gran oportunidad. Ábrete y aprende de la experiencia de los demás. Escucha, lee, investiga, pregunta, pregunta, pregunta y aprende. Pero no dejes de hacer preguntas. Si te das cuenta de que no sabes hacer algo, pregúntale a tu mentor cómo se hace. Preguntando se aprende. Si no preguntas, te quedarás estancado, no harás bien tu trabajo y quizás no te asciendan por el solo hecho de dejar que el miedo a admitir que no sabes algo te paralice. No dejes que esta sea tu situación.

Vence tus miedos y aprende. La gente le teme a todo. Debes aprender a controlar y vencer tus miedos, en especial el miedo a hacer preguntas y decir que no sabes. Si no sabes hacer algo, el pecado más grande es no preguntar para aprenderlo. Si intentas hacer algo y te das cuenta de que solo no lo vas a poder

> *Si no sabes hacer algo, el pecado más grande es no preguntar para aprenderlo.*

hacer, que requieres ayuda, que necesitas preguntar cómo se hace, ¡hazlo! Acércate a la persona adecuada y dile: "No sé cómo hacer esto. ¿Me podrías enseñar?". Está en el interés de todos, el tuyo y el de quien te enseña, que aprendas a hacer las cosas, y las aprendas a hacer bien. Preguntando se aprende.

Ejemplos de vida

Al crecer y en las diferentes etapas de nuestras vidas, siempre están aquellas personas que nos inspiran a soñar en grande. No son necesariamente mentores, pero si te inspiran a mejorar tu calidad de vida, a avanzar en tu carrera, a compartir tu amor con tu familia y las personas que más lo necesitan, se las podría llamar "mentores indirectos". Puedes aprender mucho de ellos al investigar sus experiencias, analizar sus pasos y descubrir qué los hizo triunfadores en sus vidas. Estas personas te pueden servir como gran motivación para salir en busca de tus sueños. En mi caso, esta persona fue mi abuelo.

Mi abuelo era el tercer hijo de una familia muy pobre en el País Vasco. Su mamá se murió al tenerlo y su papá no sabía criar hijos, así que se lo dio a otra señora vasca que tenía sus propios hijos, y ella le dio el pecho y lo crió. En la tradición vasca, el mayor de los hijos hereda todo, el segundo tiene que ser cura y el tercero tiene que hacer las Américas para traer dinero para la familia vasca en la montaña de los Pirineos. Mi abuelo era el tercero. Por ende, con doce añitos, partió a las Américas y desembarcó en Argentina. Eligió ese destino porque le habían dicho que ahí estaba su padre. Indagó y lo buscó incansablemente, pero sin suerte. No hablaba casi español, sólo vasco. En el ínterin conoció a otro señor vasco y terminó quedándose con él como seis años, aprendiendo español y trabajando.

Con el transcurso del tiempo, nunca dejó de buscar a su padre y finalmente descubrió que vivía en Cuba. A eso de sus diecisiete años, agarró sus ahorros y se pagó un pasaje a Cuba. Preguntó por él, lo buscó y al fin halló a su papá trabajando de gerente en un central azucarero en Santiago de Cuba. Cuando finalmente se encontraron, después de tantos años, su padre, en vez de ofrecerle una educación —a esas alturas, dinero no le faltaba—, lo puso a cargar sacos de azúcar en el muelle. Un buen día, mi abuelo se dio cuenta de que eso no era lo que él quería en su vida. Juntó sus cosas y se fue para La Habana, donde consiguió un trabajo de operador de elevadores en un edificio de oficinas. Por las noches estudiaba cursos que pedía a través del correo y, de esa forma, se hizo tenedor de libros. En ese trabajo en el elevador subía y bajaba toda la gente que trabajaba ahí y él se enteraba de todos los pormenores de sus pasajeros. Así también fue creando amistades, hasta que un día una de esas amistades le confesó que tenía apuros de dinero y mi abuelo, que era muy ahorrativo, le prestó el dinero y le cobró una módica comisión. Ese amigo después lo empleó como tenedor de libros en las noches, cuando terminaba su jornada de operador del elevador. Y cuando ese mismo amigo de nuevo se metió en apuros de dinero por unas deudas de juego, esta vez mi abuelo, en vez de prestarle la plata, le compró parte de sus acciones en la compañía, y así pasó de operador del elevador a tenedor de libros y dueño parcial de una compañía. Con el tiempo terminaría como accionista mayoritario en esa misma compañía que representaba los intereses en Cuba de compañías extranjeras en el área de seguros, herramientas de ferretería y otros negocios. Pero una clave era la representación de una compañía canadiense que proveía todo el papel para los diarios y las revistas de la isla. De ahí le vino el apodo de "El Zar del Papel".

Con el tiempo surgió la oportunidad de ser copropietario de las tres revistas más importantes de América Latina: *Bohemia*, *Carteles* y *Vanidades*. Cuando se murió, aparte de todos sus logros profesionales y personales, hablaba cinco idiomas que él solito se había enseñado. Así que con un abuelo así, admirado y adorado por todos en mi familia, yo decidí que quería ser como él. Quería poder medirme contra algo mientras buscaba y encontraba mi triunfo, mi éxito, y ese algo fue mi abuelo.

Si tienes a alguien que te inspire como me inspiró mi abuelo, investiga más sobre esta persona y fíjate cómo hizo para cumplir sus metas. Son ejemplos de vida para seguir y puntos de referencia importantes para guiar tu camino al éxito.

Cómo descubrir a tu mentor

Si no estás abierto a aprender de tus experiencias, de las cosas nuevas que te tocan vivir, de la gente que te rodea, quizá no estés listo para tener un mentor. Si este eres tú, ya mismo te pido que busques a aquella persona o personas que admiras, empieces a tomar nota de lo que hacen, lo que dicen, lo que te aconsejan, y lo apliques a tu vida. No sabes lo increíble que es tener un mentor, es otro gran secreto para triunfar a todo nivel.

Los mentores pueden venir de muchas partes. Un mentor es la persona a quien admiras y respetas y de quien quieres aprender. Como te he mencionado anteriormente, esta persona puede ser un jefe, un colega, un amigo, un familiar o alguien que simplemente hizo algo que te sorprende y quieres aprender más sobre eso. Puedes tener un mentor, puedes tener más de uno o puedes tener diferentes mentores para diferentes cosas o momentos en tu vida. Los mentores pueden ir cambiando de acuerdo a los cambios en tus metas y sueños y lo que quieras lograr en diferentes etapas. Quizá ya tengas un mentor y ni te hayas dado cuenta. Si hay alguien a quien tú acudes para pedirle consejos porque lo admiras y te inspira a ser la mejor en lo que haces, ¡bingo! ¡Esa persona es tu mentor!

Tuve la suerte de contar con varios mentores en mi vida, pero las más importantes han sido algunas de mis jefas y amigas. Aquí te comparto ciertas anécdotas con mis mentoras para que te sirvan de ejemplo cuando busques a los tuyos, y veas lo increíble que puede ser contar con los consejos de alguien con experiencia de vida.

Elvira Mendoza

Mi primera jefa en *Vanidades* fue una colombiana llamada Elvira Mendoza —la considero mi primera maestra de periodismo—. Esa señora me enseñó tanto, tanto, tanto. Cuando me mandaba a hacer algo que yo no sabía hacer, en vez de intentarlo, lo primero que hacía era decirle que no sabía hacerlo.

—¿Y cómo sabe usted que no sabe? —me preguntaba.

—Porque nunca lo he hecho —le respondía.

—Entonces, no sabe si sabe. Vaya y hágalo. Y si no lo puede hacer, entonces venga otra vez y le ayudo —me contestaba en el acto.

Así fue que aprendí que primero hay que intentar hacer lo que te piden. Si al intentarlo te das cuenta de que te faltan las herramientas para completar el trabajo, ese es el momento en donde no debes tener miedo a pedir ayuda.

Otra cosa que aprendí de esta gran mujer es que no te debes dormir en los laureles. Las cosas que yo he aprendido de esa señora no tienen precio. Por su culpa, me embarqué en mi carrera en español. Al principio, cuando comencé a trabajar en *Vanidades*, yo escribía los artículos en inglés y ella se los daba al jefe de redacción, quien los traducía. Pero un buen día, mi jefa me dijo: "¡Usted me cuesta muy cara! Tengo que pagarle a usted por el artículo y al jefe de redacción por traducirlo. O directamente escribe en español o no puede escribir aquí". Diccionario en piernas y pa'lante, así fue cómo aprendí a escribir mis artículos en español, y gracias a las enseñanzas de Elvira, pude seguir ascendiendo en mi carrera como periodista.

> *No te debes dormir en los laureles.*

Helen Gurley Brown

Mi primera mentora, como les acabo de mencionar, fue Elvira Mendoza, y era dura conmigo, igual que lo fue Helen Gurley Brown, mi siguiente mentora. Pero eso a mí me sirvió muchísimo. Admiro y respeto a las mujeres duras y fuertes, pero femeninas, como lo eran estas dos señoras. Elvira Mendoza era la estampa de la elegancia, una señora colombiana con las uñas pintadas de rojo y el pelo negro bien peinado, divina. Ella me enseñó a ser una mujer fuerte y sin complejos, y fue mi primera maestra de periodismo. Helen Gurley Brown, la directora de *Cosmopolitan* en inglés —una revista que cuando Helen comenzó a trabajarla tenía ya 130 años—, fue mi mamá profesional.

Cuando Helen asumió el cargo de directora de la revista *Cosmopolitan*, la convirtió en el manual de la liberación femenina y le hablaba de sexo a la mujer igual que *Playboy* le hablaba de sexo a los hombres —hasta ese momento, eso nunca antes había existido—. Es más, en aquella época, las latinoamericanas leían *Cosmo* en la peluquería tapando la portada de la revista con otra para que nadie viera lo que estaban leyendo. Se la leían, pero les daba vergüenza, no lo querían admitir.

Entonces, cuando le caí yo a Helen, quien inventó lo que es hoy en día *Cosmo*, mi idea y dirección para *Cosmopolitan en Español* era hacerlo el manual de *superación* femenina, no liberación. Para mí, el órgano más importante está del cuello para arriba entre las dos orejas, no está entre las dos piernas. Y así insistía con toda mi retórica para la revista. Helen no estaba de acuerdo con este enfoque. Su *Cosmopolitan* llevaba otro mensaje: la adaptación de ese feminismo de las niñas americanas que no sabían nada de cómo defender su derecho al orgasmo y a la sexualidad. Eso era Helen, y ella quería asegurarse de que este mensaje se viera reflejado en todas las ediciones que existían de *Cosmopolitan* a través del mundo.

Cuando me dieron el puesto de directora de *Cosmo*, nos llevaron a mí y a otros que recibieron un puesto o un ascenso en un yate increíble por el río Hudson y alrededor de la estatua de la libertad —una celebración exquisita con champán y la *crème de la crème* de Nueva York—. Y ahí, en medio de todo ese grupo sofisticado, estaba la cubanita, acabada de parir (mi hija Titi tenía sólo unos meses), sentada observando a Helen Gurley Brown. La directora internacional de *Cosmo*, una loca que tomaba muchos Bloody Marys, se llamaba Pat Miller, quien estaba parada a mi lado. De pronto le dije a Pat: "Ven acá, ¿la vieja esta me puede botar a mí porque yo estoy cambiándole la revista?". Y Pat me contestó: "No, ella no te puede botar". Sin embargo, Pat fue y se lo comentó y, al rato, se me acercó Helen, una mujer chiquitita, dura, femenina y con sus muchos años, hablaba con una voz suave y sexy, y no usaba pantis ni *brassiere*. De pronto me agarró del brazo y enseguida asumí que me estaba llevando a algún lado para sentarnos a conversar. Pero al instante vi y sentí que me estaba apretando el brazo cada vez más fuerte. Mientras imprimía sus dedos en mi brazo, me dijo con su voz suave y delicada: "Esta vieja no te puede echar, pero te puedo hacer la vida imposible".

Al final de nuestra relación, antes de que falleciera, ella me firmaba todas las cartas que me mandaba como "Mama". Mi madre profesional me enseñó que se puede ser dura como el acero sin perder la feminidad delicada de una mujer. También me enseñó cantidad de cosas sobre la sexualidad femenina que yo no sabía por ser una cubanita criada en un colegio de monjas. Qué suerte que entró en mi vida, ¡si no quizás nunca me habría casado con uno once años más joven que yo!

> *Se puede ser dura como el acero sin perder la feminidad delicada de una mujer.*

Celia Cruz y Gloria Estefan

Te he hablado hasta ahora de mis dos mentoras profesionales, dos mujeres que fueron mis jefas y me enseñaron cantidad sobre mi carrera y mi vida. Otras dos personas que sirvieron como mentoras no sólo profesionales sino personales, son mis dos mejores amigas: Celia Cruz (una generación mayor que yo) y Gloria Estefan (una generación menor que yo). Ahora me queda Gloria, ya que Celia falleció, pero de ambas he aprendido mucho incluyendo cómo manejar la fama que viene con mi carrera y cómo mantener un matrimonio feliz durante treinta años en un ambiente en donde la mayoría de las parejas no duran ni unos pocos.

Un día, en un almuerzo con Celia, ella notó que algo me andaba molestando. Estaba sentada al lado mío y me preguntó qué me pasaba. Y le contesté: "Es que tengo a este come@#%*! hablando horrores de mí. Cada vez que puede, me tira y me tira en la prensa". En esa época, Celia todavía llevaba su cartera consigo. (Con el tiempo dejó de cargarla para cuidar sus uñas, y entonces usaba a su esposo como una cartera. Le metía los cosméticos y todas sus cosas en los bolsillos para no partirse las uñas. Pero en este instante la tenía). Me la dio: "Aguántala un momentito ahí", me dijo. ¡La cartera era más grande que Celia! Metió la mano adentro y empezó a sacar recortes de prensa y me los mostró. "Mira este hombre", me dijo, "dice horrores de mí cada vez que puede y yo voy hasta a la comunión de sus hijos porque nunca se va a enterar de que yo me enteré. No dejes que te hieran; no dejes que sepan que estás herida". Y así fue que aprendí uno de

> *A palabras necias, oídos sordos.*

los consejos más útiles que he recibido en mi carrera: a palabras necias, oídos sordos.

En otra ocasión, Gloria me vio de capa caída y, al igual que Celia la vez anterior, me preguntó: "¿Qué te pasa?". Le dije que creía estar pasando por una etapa de depresión y, sin pensarlo mucho, me dijo: "Cuidado, no confundas el cansancio con la depresión. Yo he estado muy extenuada en medio de una gira de muchas fechas y viajes continuos con una agenda súper apretada de entrevistas promocionales y he estado tan cansada que me he encontrado llorando debajo de la regadera de la ducha, pero cuando lo analicé a fondo, me di cuenta de que sólo era cansancio. Entiende que en nuestro giro muchas veces la presión y el trabajo es inhumano, y podemos confundir el cansancio con el estado de ánimo". De Gloria aprendí fortaleza en el trabajo.

Cada una de estas mujeres ha tenido un papel clave en mi vida. Sus palabras, sus consejos, sus voces de experiencia, fueron mi guía en momentos básicos y decisivos. Nunca las olvidaré y siempre las llevaré en mi corazón. Un mentor te marca de por vida y te sirve de inspiración para lograr todas tus metas y cumplir tus sueños. No te pierdas esta gran oportunidad, y si no la tienes a tu alcance, sal y búscala. Con ellos podrás aprender mucho más de lo que te puedes imaginar.

Aprende, aprende, aprende

A mí me gusta más aprender que dormir, y eso es decir mucho porque soy muy dormilona. Me gusta más aprender que comer, y soy muy comelona. Hasta me gusta más aprender que el sexo... me *encanta* aprender. Cuando leo por las noches, constante-

¡Infórmate!

Si no tienes un mentor, búscalo. Empieza por tu trabajo u otras organizaciones en las que participas o estás inscrita. También puedes buscar en línea utilizando frases como "encuentra un mentor" o "necesito un mentor". Verás que con estas frases u otras similares, te aparecerán varias opciones y explicaciones muy útiles. Recuerda: un mentor puede ser un jefe, un profesor, un amigo, un familiar. Asegúrate de que sea alguien que admiras y respetas y alguien que te puede enseñar las herramientas que necesitas para salir adelante.

mente voy e investigo en Google acerca de lo que estoy leyendo, para aprender más sobre lo que acabo de leer, para informarme aún más. Aprender es tan básico como respirar.

Uno de los consejos más importantes que me dio mi mamá fue el siguiente: "Lo que no te guste, no aprendas a hacerlo. Porque si aprendes a hacer postres, todos los postres de la familia los vas a hacer tú. Si aprendes a coser, tú le vas a coser a todo el mundo, como lo hizo tu abuela. Así que lo que no te gusta hacer, no lo aprendas". Este consejo me lo tomé muy en serio, tan así, que soy completamente inútil en el hogar. No sé cocinar, no limpio, no soy responsable de los quehaceres de la casa, y es una decisión totalmente consciente que tomé a los doce años a partir de este consejo de mi madre. De esta manera, me he dedicado a aprender de todo lo que me fascina. Y sé que si no sé hacer algo, soy capaz de aprender cómo hacerlo. Eso es lo que quiero para ti. Aprender es

Aprender es la esencia de la vida... Nunca dejes de aprender.

la esencia de la vida. Te brinda conocimientos, herramientas, te da de qué hablar en reuniones, te inspira. Nunca dejes de aprender.

Y ojo, cuando hablo de aprender, no me refiero a lo que aprendes en la escuela o en la universidad. Sí, la educación es importantísima en la vida, en especial hoy en día cuando la competencia para los puestos de trabajo de principiantes es feroz. Mientras más estudios y más preparación tengas, mejor. Ahora, ¿los estudios son absolutamente necesarios para ser exitoso? No. Tú puedes ir a la escuela o no, pero si tú te quieres educar, tú te educas. Manteniéndote al tanto de las innovaciones de tu campo de trabajo, leyendo, viajando e indagando es la manera de seguir aprendiendo y creciendo. Uno nunca para de aprender. Sin embargo, es importante notar que el camino sin una educación puede ser más cuesta arriba. Hay gente que logra su propio éxito, pero ese camino no es para todo el mundo.

DE ESO NO SE HABLA

Como les comenté en el capítulo 1, mientras yo estaba cursando mis años universitarios, mi papá se quedó sin dinero y tuvo que escoger entre pagar mis estudios o los de mi hermano. Tener que dejar la universidad antes de graduarme me puso muy brava con mi papá, aunque odiaba ir a la escuela. Pero bueno, qué puedes esperar de un vasco: lo criaron machista. Sin embargo, esta excusa no me parece suficiente. Si te crían de una manera, puedes cambiar ciertas cosas (como el machismo) si te pones para eso, pero este no fue el caso de mi papá. Aquella decisión que tomó de dejar de pagarme la universidad para darle una oportunidad de estudio a mi hermano, al final nos hizo daño a los dos. Sin embargo, ese cambio en mi vida no me quitó las ganas de aprender.

Querer es poder, pero para lograrlo debes saber. Saber para dónde, saber cómo, saber, saber, saber. Si no sabes, si te faltan herramientas o conocimientos para llevar a cabo lo que te propones, para cumplir tus metas, arrímate a una persona o un lugar donde puedas aprender. Mantente abierta a aprender de todo en la vida.

Por ejemplo, he aprendido y sigo aprendiendo mucho de mi trabajo y de mi gente. *El Show de Cristina* me salvó la vida. Me salvó de ser frívola, me salvó de ser superficial, me está ayudando a tener una mejor vejez. A través de muchos de esos programas pude no sólo enseñar sino aprender sobre diferentes aspectos de la vida, tanto lo bueno como lo malo. De todo se aprende. Ya no tengo el miedo de ser vieja, que como mujer y como mujer latina presumida, todas tenemos. Los fans de *El Show de Cristina* son como mi otra familia, al punto de que la mayoría, cuando se acerca a saludarme en la calle en vez de pedirme un autógrafo, me pide un abrazo. Y yo, con todo el gusto, se los doy porque estoy agradecidísima. De ellos he aprendido mucho más de lo que ellos han aprendido de mí. Yo no era la que les enseñaba. Ellos en realidad aprendían de los panelistas y los especialistas que iban a mi programa para compartir una historia. Yo era como la intermediaria, y mientras tanto aprendí de ambos lados.

Con el programa también aprendí que tenía que abordar un común denominador entre los latinos en Estados Unidos. En este país, siguen sin entender bien a los latinos. Nos dividen en grupos étnicos y eso nos crea una gran separación. Entonces, cuando comencé el show, me puse a pensar en lo contrario, en lo que nos unía. Y aprendí que el común denominador entre todos son las lágrimas y las sonrisas. ¿Qué es lo que queremos todos dentro de la comunidad latinoamericana? Independencia y libertad. Y con estos principios en común, abordé mi programa. Y este aprendizaje lo apliqué luego en muchos otros proyectos que se me han presentado desde entonces. Lo que aprendes, luego lo puedes usar y aplicar en formas que ni te habrías imaginado. Vuélvete una esponja y aprende, aprende, aprende.

El aprender debería seguir presente durante toda tu vida, sin embargo, llegará un momento en el que estarás lista para comenzar a compartir tus experiencias de vida y brindarles consejos a otros. Enseñar es igual de importante que aprender porque si compartimos lo aprendido, todos nos enriqueceremos.

> *Enseñar es igual de importante que aprender porque si compartimos lo aprendido, todos nos enriqueceremos.*

El aprendiz se vuelve mentor

Con el tiempo, la experiencia, los golpes y tropiezos de la vida, y lo aprendido, llegará un momento en tu vida en que estarás lista para enseñar. Sí, al final del camino, el aprendiz se vuelve mentor. Es importantísimo que cuando te llegue esta etapa, estés lista y dispuesta a compartir lo aprendido con alguien que lo necesita.

Los mentores son esenciales en la vida de las personas. Y ahora, como mentora, he aprendido y aconsejo que si ya estás en esta capacidad, tienes que saber a quién tomar como aprendiz. ¿En quién crees? Este es el paso esencial para el mentor. ¿Por qué hay que elegir bien al aprendiz? Porque quieres tener a alguien a

> *Los aprendices, con sus pasiones y sus ganas de vivir y triunfar, también pueden sorprender e inspirar a sus mentores.*

tu lado que desee estar ahí. Como mentor le dedicarás tiempo y energía a tu aprendiz, por ende, elige a alguien que esté listo para recibir toda esta información, alguien que tenga potencial para conquistar sus sueños. Recuerda que los aprendices, con sus pasiones y sus ganas de vivir y triunfar, también pueden sorprender e inspirar a sus mentores. Es una relación que tiene el potencial de beneficiar a ambas personas si están abiertas a aprender la una de la otra.

La mayoría de las personas que han trabajado conmigo, a través de muchos años, en diferentes etapas, han logrado tener sus propias carreras, con tremendos trabajos y posiciones, y todos casi siempre tienen una cosa en común: dicen que el tiempo que pasaron trabajando conmigo —siendo una jefa muy dura que demanda mucho— fue la gran escuela donde aprendieron más que en ningún otro lugar. Cuando ellos no tenían seguridad en sí mismos porque eran muy jovencitos, yo la tenía por ellos. Y los empujaba, literalmente, contra la pared, para que mejoraran. Los ayudé a descubrir su valor, les di las herramientas necesarias para avanzar en sus carreras, de la misma manera que lo hicieron mis mentores conmigo. Y espero que un día ellos hagan lo mismo con sus aprendices.

PONLO EN PRÁCTICA Y APLÍCALO A TU VIDA

1. Utiliza a las personas que te inspiran en la vida como motivación para crecer y aprender de ellos.
2. Búscate un mentor.
3. Si no sabes cómo hacer algo, pregunta. No tengas miedo de pedir ayuda.
4. Nunca dejes de aprender, es tan básico como respirar.
5. Cuando te llegue el momento, elige bien a tu aprendiz y comparte tus conocimientos para que todos podamos seguir creciendo y aprendiendo juntos.

5

Invierte en ti

L a mejor inversión que puedes hacer en tu vida es en ti misma. Sin embargo, hoy en día la gente joven no invierte en sí misma. Todo lo que inviertas en ti se verá reflejado en tu vida. ¿Qué significa invertir en ti misma? Quiere decir no sólo ponerles dinero sino dedicarles tiempo a las cosas que te van a ayudar a avanzar como persona y como profesional. Invierte en cómo te ves, lo que te pones, dónde te ves en el futuro. Las inversiones que elijas dependerán de tus metas, pero para todos los casos y todos los sueños, hay cinco inversiones básicas que recomiendo que hagan todas para triunfar en la vida. Invierte en:

1. tu mente
2. tu salud
3. tu imagen
4. tus relaciones públicas
5. tu gente

Si sabes lo que vales e inviertes en ti, tienes a tu disposición las herramientas y conexiones necesarias para poder enfrentar cualquier eventualidad y no dejar que nada ni nadie te tumbe al piso permanentemente. Con la fuerza que te dará esta gran inversión, podrás levantarte y seguir echando pa'lante bajo cualquier circunstancia.

Cuando Marcos y yo nos arriesgamos a construir nuestro propio estudio para *El Show de Cristina*, no lo hicimos para que yo fuera una de las cuatro mujeres en la historia de la televisión que tienen su propio estudio, ni lo hicimos para que fuera la primera latina en hacerlo, lo hicimos para invertir en nosotros. La gente nos criticaba y nos preguntaba por qué decidimos hacer tal gasto, pero nosotros ni lo cuestionamos. No lo vimos como un gasto, lo vimos como una inversión. Una inversión que nos dio grandes resultados porque no sólo fue el estudio que usamos para grabar *El Show de Cristina*, sino que ahora seguimos recibiendo remuneración de esa inversión al alquilarlo para que graben otros programas allí. De igual manera nos criticaron por invertir en nuestro propio equipo de publicidad, asesores y agentes, pero no les hicimos caso. Una parte de lo que ganas lo debes invertir en tu carrera para seguir avanzando y creciendo. Eso era lo que estábamos haciendo nosotros, invirtiendo en nosotros y en nuestro futuro. Y eso es lo que quiero para ti.

Invierte en tu mente

En el capítulo 4 se planteó lo importante que es aprender, y acá te lo repito. Aprender es uno de los secretos básicos para triunfar; por ende, invertir en tu mente es clave. Este tipo de inversión abarca tanto lo educativo como lo creativo; la idea es que desarrolles tus capacidades mentales y te mantengas actualizada e informada en lo tuyo y en el mundo que te rodea.

Empieza por invertir en tu educación. Esto incluye desde títulos avanzados o certificados que sirven para ayudarte a ascender en tu carrera, hasta clases especiales que te ayudan a desarrollar ciertas habilidades requeridas en tu industria. Puedes inscribirte en una universidad y tomar clases en persona o puedes buscar clases que se enseñen en línea por Internet. Hoy en día no hay excusas. Si no tienes dinero, igual existen miles de posibilidades para aprender. Te doy un recurso básico que quizás muchos se olviden de que existe: la biblioteca pública en tu ciudad o pueblo. La inscripción es gratis, y tienes a tu alcance un mundo inmenso de libros, audiolibros, DVDs, música y periódicos, así como presentaciones, clases y discursos auspiciados por la biblioteca. Además, hoy en día, muchas bibliotecas proveen acceso digital a gran cantidad de sus libros, así que si tu excusa es que no tienes tiempo para ir a la biblioteca, vale la pena ahorrar para comprarte una tableta y sacar los libros en línea a través de su página web. Mi gente, para aprender no hay excusas.

Explora también las conferencias que se presentan en tu ciudad y utiliza las clases a tu disposición en tu empresa o comunidad. Busca programas de televisión educativos y libros que te ayuden a desarrollar tus conocimientos. Si tienes curiosidad sobre algún tema en particular, investígalo más a fondo. Todo lo que aprendes sirve en la vida, es una inversión que rendirá frutos por el resto de tus días.

Tu mente no sólo incluye lo práctico, también incluye lo creativo. Es más, el cerebro está dividido en dos lados: el izquierdo

¡Infórmate!

Un recurso buenísimo para aprender más de gente admirable e inteligente son las conversaciones que produce TED Talks. TED es una organización sin fines de lucro que se dedica a organizar conferencias con los pensadores y emprendedores más fascinantes del mundo basadas en su lema: Ideas que vale la pena difundir. Aquí tienes un enlace que te lleva a una selección de videos en español: tedxtalks .ted.com/browse/talks-by-language/spanish.

y el derecho. Cada lado rige diferentes formas de pensar, y las personas tienden a identificarse con un lado más que con el otro. El izquierdo está asociado a la forma de pensar más práctica, lógica y analítica, mientras que el lado derecho está relacionado a lo intuitivo y creativo. Aunque te identifiques con un lado más que con otro, es importante invertir en tu cerebro entero. Por ende, aparte del desarrollo educativo que acabamos de explorar, es importante que también inviertas tiempo en tu lado creativo. Cuando nos damos espacio para crear, descansamos el otro lado más práctico y lógico de la mente, y ese momento de paz mental te abre la puerta para crear espacio para ideas nuevas que te pueden servir como inversión en cualquier área de tu vida. Entonces, si te gusta escribir, escribe; si te gusta la fotografía, sal a pasear por tu barrio y saca fotos; si te gusta el arte, aprende a pintar o hacer algo con las manos. Existe un sinfín de posibilidades. Lo importante es invertir en tu mente para desarrollar nuevas habilidades y avanzar tus conocimientos. Por ejemplo, a mí me encanta confeccionar joyería usando cuentas que compro de todas partes del mundo. Cada pieza que hago con mis manos tiene materiales que representan una región geográfica y, por lo tanto, están llenas de anécdotas históricas. De esta manera, no sólo he desarrollado esta habilidad, sino que no paro de aprender sobre lugares e historias nuevas.

Invierte en tu salud

En el capítulo 3 te pedí que hicieras de la salud una meta principal en tu vida. Ahora te pido que por favor hagas de la inversión en tu salud una de tus inversiones principales. Sin salud no hay vida, es así de simple.

Hace unos diez años, decidí hacerme una reducción de senos. Esto no fue una cirugía estética, sino una necesidad para mi bienestar, una inversión en mi salud. Cuando tuve a Jon Marcos, mis senos en vez de volver a su tamaño normal, siguieron creciendo. El médico me explicó que lo que ocurría es que tenía las hormonas del embarazo todavía en mi sangre un año después de haber dado a luz, algo que no le ocurre a mucha gente. Llegó un punto en que el peso de mis senos se me volvió insoportable. ¡Mis sostenes habían pasado de una copa DD de toda la vida a una copa G! Mi mamá me decía que G no existía. Claro, no existía en las tiendas de ropa a las que íbamos. Tenía que comprármelos por Internet. De todas formas, ni siquiera esos sostenes me servían; me aplastaban los senos al punto de que la mitad del seno quedaba en mi espalda. ¡Era como tener cuatro senos! Mi cuerpo no aguantaba ese peso; me dolían la espalda y el cuello. Además, cuando la gente me hablaba, en vez de mirarme a los ojos me miraba a los senos, a los que apodé Marta y Mirta. No, demasiado dolor y complicación para una mente como la mía que es de resolver y seguir adelante. Así fue que decidí hacerme la reducción.

Cuando el médico me vino a ver después de la operación, me dijo: "Me trajiste un regalito. Encontré algo ahí adentro que me puso muy nervioso". Había quedado alarmado porque en medio de la operación, encontró un tumor del tamaño de un huevo en el lado izquierdo de mi seno izquierdo. Por eso mi operación había durado unas diez horas, fue algo totalmente inesperado. Yo también quedé sorprendida con la noticia. Le pregunté dónde estaba el tumor y me dijo que lo había enviado a patología para que lo analizaran. Tuve que esperar dos semanas para recibir la noticia de si era benigno o maligno, es decir, si tenía cáncer de seno o no.

Hasta entonces, yo me hacía mamografías todos los años, religiosamente. Mientras trabajé en las revistas para mujeres, había aprendido que debía comenzar a hacerme mamografías después de los treinta y cinco años, y así lo hice (hoy en día las recomiendan como examen anual después de los cuarenta años). Por eso me sorprendió tanto que me encontraran un tumor tan grande sin detectar. No sólo me había hecho mis chequeos anuales, sino que también había tomado las precauciones recomendadas previo a mi operación.

Cuando te vas a operar los senos, tienes que hacerte una mamografía especial, más detallada, como medida de precaución. Cuando me hacía mis mamografías anuales, siempre le decía a la señora que me atendía que además me hiciera una ecografía, porque yo tengo senos quísticos. Ese día había una doctora nueva y, cuando le dije que debía hacerme una ecografía de los senos aparte de la mamografía, me dijo: "No, mira, los tienes tan bien que no hay que hacer eso". Los tenía tan bien que encontraron un tumor del tamaño de un huevo que no apareció en esa mamografía. Ni puedo comenzar a explicar lo disgustada que yo estaba con esa mamografía después de mi operación. Gracias a Dios, los resultados del tumor dijeron que era benigno, si no mi historia hubiese sido otra.

No ignores tu salud. Si no te sientes bien, ve para el médico. Te puede salvar la vida. Para comenzar a invertir en tu salud, sigue estos cinco pasos básicos:

1. Ve a los chequeos médicos anuales y visita a un doctor cuando no te sientas bien.
2. Haz ejercicio todas las semanas, al menos tres veces.
3. Aliméntate bien con una dieta balanceada y porciones moderadas.
4. Bebe agua para mantenerte hidratada.
5. No te olvides de descansar y dormir.

¡Infórmate!

Si quieres aprender más sobre la salud en general, tanto la tuya como la de tu familia, busca en Internet sitios reconocidos como Medline Plus, un servicio de la Biblioteca Nacional de Medicina de Estados Unidos y los Institutos Nacionales de la Salud: www.nlm.nih.gov/med lineplus/spanish/. Pero si tienes preguntas o inquietudes específicas sobre tu salud, por favor busca ayuda profesional y acude a tu médico de cabecera.

Invierte en tu imagen

No importa en qué trabajes, tu imagen es importante para triunfar en tu carrera. No se trata de algo superficial, sino de comprender que la imagen es parte de la primera impresión que se lleva la gente de ti. A veces, sólo tienes una oportunidad para conocer a alguien que admiras y respetas, que quizá te pueda ayudar a avanzar en tu carrera, y mal que bien la impresión que tú harás entrará por los oídos y los ojos de los demás. Aunque estoy de acuerdo con que lo que piensas es mucho más importante que lo que te pones, si no luces profesional, la gente no te tomará tan en serio. En este mundo no basta con serlo, debes parecerlo.

Vestirte para el éxito es esencial y, para lograrlo, tienes que poder distinguir entre lo que te pondrías para salir una noche con tus amigos y lo que te debes poner para que te tomen en serio en el trabajo. Si te pones una minifalda y una blusa con un escote profundo, te vas a ver bella, pero no te van a tomar en serio en el trabajo. Si muestras tus piernas y tus senos, en eso es en lo que se van a fijar tus colegas. Recuerda la regla de oro: si llevas una falda corta, no lleves un escote profundo en la camisa. Si tienes un escote en V en la camisa, ponte una falda más larga o un par de pantalones. Mantén un *look* profesional.

Cuando empecé a subir en el mundo de las revistas era muy joven —tenía menos de treinta años—, usaba minifaldas con tacones y llevaba mi pelito largo y suelto. Me veía atractiva, pero cuando iba al salón de conferencias a una reunión e intentaba decir algo con firmeza y seriedad, siendo la editora de la revista, la respuesta que recibía de los tipos presentes era: "Ay, te ves tan bonita cuando te enojas". ¡Eso me enfurecía! Me parecía una

DE ESO NO SE HABLA

Las mujeres ejecutivas que se visten revelando demasiada piel, al final se están perjudicando a ellas mismas porque no las van a tomar en serio. No te estoy diciendo que te vistas como una monja, pero sí que controles cuánto revelas en el trabajo. No estoy en contra de que las mujeres se vistan de manera sexy, simplemente hay que saber dónde y cuándo hacerlo. La realidad es que los hombres tienen un instinto animal muy fuerte y, por más que te parezca que no lo deberían hacer, se van a distraer mirando tus piernas o tu escote si tienes un *look* muy revelador y, en el proceso, se les va a escapar lo que tienes para aportar en el trabajo. Te lo digo por experiencia. ¿Tú quieres que te respeten? Respétate tú. Y las tetas, guárdalas para tu marido.

falta de respeto. Yo lo que quería era que me tomaran en serio. Hasta que finalmente, un buen día, decidí hacer un pequeño cambio en mi *look*. Me recogí el pelo en una cola de caballo, me compré faldas hasta las rodillas y me puse espejuelos para verme más respetable. ¡Y vaya si funcionó! La clave es que dejé de verme como si estuviera coqueteando con ellos. Y así me empezaron a respetar.

Tu imagen dependerá mucho de tu carrera. Piensa en algunos roles profesionales, como el de abogada o música, y fíjate que en general es muy fácil distinguir a primera vista a cada una a través de lo que se ponen. Ahí notarás la importancia que tiene esto en tu carrera. Tu imagen habla mucho de ti. Por ejemplo, mis dos hijas tienen carreras muy diferentes: Titi es banquera y Stephanie es diseñadora de modas. Ambas se visten para el éxito, pero lo que se ponen es totalmente diferente. No puedes ir a trabajar a un banco vestida de hippie. Titi va a una tienda y se compra dos trajes profesionales y varias camisas para lucir de una manera respetable en su trabajo. Mientras que Stephanie se diseña lo que se pone. Si Stephanie apareciera en el trabajo con un traje y una camisa, lo más probable es que no la tomarían tan en serio como diseñadora de modas.

Tienes que conocer a tu público. Eso no vale sólo para el mundo del entretenimiento. Hagas lo que hagas, tienes un público al cual exponerte y cada rol en cada industria tiene un uniforme. Te toca hacer la tarea de averiguar cuál es ese uniforme, para poder integrarte en esa posición. Tú puedes ser rica o pobre, pero siempre debes ser fina y elegante. Ahora, no creas que tienes que verte igual que todos los demás. Una vez que encuentres el uniforme de acuerdo a tu posición, industria y carrera, entonces agrégale un toque personal para así distinguirte de los demás. No seas tampoco víctima de la moda. Es un balance muy delicado. También es importante que aprendas a elegir las prendas que favorecen tu cuerpo. Si algo te queda bien, te vas a sentir bien, y esa energía que le transmitirás a tus colegas se transformará en confianza en ti misma —una clave para el éxito que te explicaré en más detalle en el capítulo 10: "Descubre tu valor y pide lo que mereces"—. Está todo relacionado.

> *Tú puedes ser rica o pobre, pero siempre debes ser fina y elegante.*

Para encontrar la ropa que te quede bien y te haga sentir bien, tienes que saber qué tipo de cuerpo tienes y qué estilo te favorece. Si no estás segura, busca gente que admiras en tu trabajo y fíjate cómo se viste, cómo se presenta. Recorta *looks* que te gusten de las revistas, con tu celular saca fotos de prendas que te inspiran. Una vez que tengas un *look* profesional que te guste y con el que te puedes identificar, pruébate diferentes prendas de ropa y fíjate en cuáles te sientes más cómoda y cuáles te quedan mejor. Si no estás segura, sácate fotos con diferentes *looks* para ver cuáles son los que mejor te lucen, o pídele ayuda a las amigas que sepas que te van a decir la verdad. Si haces esto, de a poco vas a aprender a reconocer lo que te queda bien y lo que mejor te puede representar en tu carrera, lo cual te brindará más confianza, cosa que se verá reflejada en todo lo que haces.

En mi caso, hice cambios para adaptarme a las diferentes posiciones en mi carrera. Como ya te mencioné anteriormente, en la revista cambié mi *look* a uno más profesional para que me tomaran más en serio. Después tuve que hacerlo de nuevo para la televisión. Cuando eres "talento" en la televisión, el equipo de cámara y luces habla de ti como si no estuvieras ahí, como si fueras un mueble. "Cámbiamela pa'acá. Sube esta luz porque se le ven estas arrugas". Como yo venía de un mundo en donde yo era la jefa, para mí este trato era totalmente nuevo y me resultaba una gran falta de respeto. Pero comprendí que estaba en un mundo nuevo al cual me debía adaptar.

La televisión es un medio visual, y yo me estaba exponiendo a ese lente por primera vez a los cuarenta y pico de años. Supe que debía invertir en mi cuerpo y en cómo me veía, ya que ahora eso era una herramienta de trabajo importante para mí. Así fue que, aparte de perder peso, decidí acudir a la ayuda de un gran cirujano en Los Ángeles. Me hizo una cirugía estética en el cuello, un *lifting* facial (el único que me he hecho) y me puso un implante en el mentón. Cuando regresé a Miami, mi papá no me hablaba. Decía que ya no me parecía a ellos. Pero cada vez que pasaba al lado de un espejo, tenía que volver a ver porque no podía creer que esa fuera yo, de lo bien que me dejó. La cirugía es el regalo de Dios a la humanidad, a menos que se te vaya la mano y te transformes en una reina del Botox, como en Hollywood, donde todas parecen estar emparentadas. Esos retoques a mi me brindaron la confianza que necesitaba para aparecer todos los días en la televisión.

Después de que bajé de peso y me puse más bonita (para los estándares de la televisión), entonces decidí invertir en Evie, una estilista de ropa de Nueva York. Yo no contraté a una estilista para que me dijera cuál debía ser mi *look*. Ya sabía cómo me quería ver y se lo expliqué. Quería que me tomaran en serio, quería algo que correspondiera con esta etapa en mi vida, así que le dije que deseaba lucir como una abogada de Washington, D.C., como Hillary Clinton. Soy una señora, y así me quería ver. Esa fue otra inversión en mí que hice para beneficiar mi carrera. En la televisión hacía dos programas al día, y no podía repetir la ropa. Además, nunca fui alguien que se interesara en la moda. Entonces, supe que necesitaba ayuda para crear la imagen que deseaba mostrar en televisión. Evie era excelente en su trabajo y se relacionaba con los mejores diseñadores de Nueva York; entonces me mandaba ropa para el mes entero que me quedaba bien y me hacía sentir segura. Al delegarle ese trabajo a ella, pude concentrarme en otras áreas de mi carrera. Esa es otra lección, de las más difíciles pero igual de importantes: uno debe aprender a delegar.

No te estoy diciendo que debes hacerte cirugía plástica

o contratar una estilista para triunfar en *tu* vida. Te doy estos ejemplos para que veas que cada carrera y cada posición requiere de inversiones específicas en ti. Tienes que identificar cómo debes invertir en tu imagen para que te respeten y te tomen en serio, y así podrás triunfar en lo que te propongas.

Invierte en tus relaciones públicas

Durante mis años dirigiendo *Cosmopolitan en Español* yo era la directora más jovencita de América Latina, y supe que, aparte de llevar una imagen profesional, debía invertir en relaciones públicas. Entonces, cuando Rocío, mi amiga mexicana y jefa de ventas, y yo íbamos a México por trabajo, hacíamos unos almuerzos inmensos y cultivábamos las relaciones personales con cada uno de los clientes. Hoy en día, esa conexión humana se está perdiendo y es algo que hay que revivir. Tienes que invertir en tus relaciones públicas. Haz una cena para tus colegas, organiza una hora de cócteles para la gente de tu industria, invita a comer a gente que admiras, busca lo que corresponda con tu carrera para armar tu red profesional. Esta es una inversión clave en ti y en tu futuro.

Tengo una amiga publicista de la vieja guardia, que todos los años hace una fiesta navideña para sus clientes en su casa. De esa manera, aparte de estar en contacto con ellos durante el año, se asegura de tener una relación personal con cada uno. Al desarrollar estas relaciones, cuando llega el momento de elegir con quién van a trabajar en un proyecto nuevo, ¿a quién crees que llaman primero?

Invertir en tus relaciones públicas se puede hacer de diferentes maneras, dependiendo de tu trabajo, pero muchos no toman esta iniciativa hoy en día. Haz una fiesta de fin de año, como lo hace mi amiga publicista. Arma una hora de cócteles en un bar o un almuerzo especial, y págalo tú. Elige un lugar que tenga el estilo que vaya con tu industria (más clásico si tienes una carrera más clásica como la de abogada o banquera, y más bohemio si tu carrera involucra las artes). Invita a las personas clave con las que quieres desarrollar una relación de negocios más estrecha o los clientes o posibles clientes con los que quieres trabajar. La gente no piensa en hacer cosas como estas porque el dinero que les sobra lo usan para irse de vacaciones. No digo que las vacaciones sean malas, son también muy importantes, pero tienes que designar cierto porcentaje de tu ingreso a inversiones en ti misma para adelantar tu carrera. Una acción como las ya mencionadas puede hacer que tu jefe te preste más atención o que un cliente te dé más trabajo. Esa confianza que demuestras al ser el anfitrión de uno de estos eventos le da a entender a la gente que te rodea —tanto tus jefes como tus colegas y tus clientes— que tienes lo que se necesita para tomar el toro por las astas y ser líder. Cuando se te presenta una oportunidad, tómala. A veces ganas, a veces pierdes, pero tienes que arriesgarte.

> *Cuando se te presenta una oportunidad, tómala. A veces ganas, a veces pierdes, pero tienes que arriesgarte.*

Otro ejemplo de invertir en uno mismo es el de Marcos. Cuando Marcos dejó Miami Sound Machine para estar más cerca de nosotros, su familia, fue un cambio de vida increíble que siempre le agradecí y le sigo agradeciendo. Al dar este salto, tuvo que invertir en sí mismo para salir adelante con la próxima etapa de su carrera. No sólo invirtió en sus relaciones públicas, sino que transformó las relaciones públicas en un negocio exitoso y fundó su compañía Magic City Media. En los ochenta, los latinos todavía no veían la necesidad de este servicio. Muchos, al principio le decían que si ya eran famosos en sus círculos, para qué debían gastar dinero para promocionarse. La clave está en el uso de la palabra "gastar". No comprendían que ese no era un gasto sino una inversión. Al invertir en sus relaciones públicas, podrían alcanzar más público y llegar más lejos en sus carreras. Lo mismo se aplica en tu vida: si inviertes en tus relaciones públicas, podrás desarrollar relaciones importantes con tus jefes, colegas y clientes, que en el futuro te pueden ayudar a crecer y triunfar en tu vida.

Invierte en tu gente

Invertir en tu equipo de trabajo y en tu comunidad es otro paso esencial hacia el éxito. Debemos ser solidarios y generosos con los demás, esa buena energía sólo atrae más buena energía a tu vida. El primer paso es armar un equipo de trabajo de gente capaz, que tiene potencial y que es igual de apasionada que tú. Ese positivismo es contagioso.

Debemos ser solidarios y generosos con los demás, esa buena energía sólo atrae más buena energía a tu vida.

Conozco a muchas personas que nunca contrataban a gente más inteligente que ellas por miedo a que les tumbaran el puesto. A través de mis años profesionales yo he hecho lo contrario. Me he rodeado siempre de gente bien inteligente. Y si uno de ellos sabe hacer algo mejor que yo, bienvenido sea. Trabajando en equipo potenciamos nuestro talento. Por lo tanto, otra cosa que siempre busco en la gente que trabaja conmigo es que no sean envidiosos. La envidia es el cáncer del espíritu. Ser envidioso es igual que mirar a los lados en vez de mirar pa'lante. Mientras tú envidias a alguien por algo, estás dejando de prestarle atención y dedicarle tiempo a lo tuyo, y en vez de acercarte a tus metas, te alejas. Lo que debemos hacer es apoyarnos mutuamente. El logro de una persona en mi equipo es un logro celebrado por todos. Además, tú nunca sabes en dónde puede terminar esa persona con su éxito. Quizás el día de mañana le tengas que pedir ayuda o un trabajo, por eso es importante fomentar las relaciones positivas e invertir en tu gente.

En mis años en las revistas, yo era la mujer de los dieciséis trabajos *free lance*. Hacía todo lo que estaba a mi alcance para seguir nutriendo mi carrera y salir adelante. Y para lograrlo, necesitaba contar con un buen equipo de trabajo. Por ejemplo, a mí me daban un presupuesto específico para producir veintiséis libros en un año, entonces yo manejaba ese presupuesto de tal forma que les ofrecía trabajo *free lance* a mis empleadas en la revista para aumentarles el sueldo. Estaban felices con la oportunidad, y yo feliz de poderlas ayudar y a su vez de contar con su ayuda. A la hora que se acababa el trabajo del día, guardábamos todo lo que tenía que ver con la revista y hacíamos el trabajo *free lance* hasta las once de la noche.

Después, con los años, hice lo mismo en televisión. Todos mis empleados en la televisión recibían su sueldo directo de la cadena televisiva. Pero todos eran leales a mí, aunque sus sueldos los pagaba la cadena. ¿Por qué? Porque, por ejemplo, una de las cosas que hacíamos Marcos y yo era que les dábamos un bono navideño o regalos a todos nuestros empleados y armábamos competencias de temas donde el ganador se podía llevar hasta $2.000. Esto venía directamente de nuestro bolsillo. Otra manera en que los incentivábamos era invitándolos a comer o a celebrar de alguna forma cada vez que concluíamos un ciclo de grabación. También establecimos noches de sushi y tequila que se hicieron muy populares entre el equipo de trabajo y también con los invitados al programa. Sabíamos que era clave invertir en nuestra gente para mostrarles que los apreciábamos y para crear una lealtad que nos beneficiaría a todos. Tienes que luchar por tu gente. Es muy importante tener la lealtad de tu gente y que sepa para quién trabaja. Es una clave para ser buen líder.

> *Tienes que luchar por tu gente.*

Así es que te recomiendo que inviertas en ti mismo y también inviertas en la gente que te rodea. Cuando haces cosas de buena voluntad, de corazón, en algún momento, de la nada, se te puede abrir una puerta inesperada que te puede llevar a otro proyecto y a alturas que ni te habrías imaginado. Eso nos ha pasado una pila de veces.

No importa cuán alto llegues en la vida, nunca pierdas la capacidad de escuchar a los que te rodean. Parte de invertir en ellos es dedicarles tiempo de todo corazón. Te puede llegar a sorprender todo lo que puedes aprender de la gente menos esperada si te mantienes abierta a esta posibilidad. El consejo más sabio te lo puede dar el señor que corta la hierba. Cuando te la crees, pierdes toda conexión con la realidad. Recuerda: nunca sabes quién puede darte una palabra o un consejo que te brinde la inspiración que te haga falta en ese instante. Rodéate de personas buenas que te levanten el espíritu y no sólo inviertas en ti, sino en ellas también. Así, saldrán todos ganando.

PONLO EN PRÁCTICA Y APLÍCALO A TU VIDA

1. Invierte un porcentaje de tu salario y tu tiempo en ti para seguir avanzando y creciendo en tu carrera y en tu vida.
2. Ejercita tu mente. Aprender es uno de los secretos básicos para triunfar, así que invierte en tu mente y desarrolla no sólo tu intelecto sino tu creatividad.
3. Cuida tu salud. Hazte chequeos médicos anuales, come una dieta balanceada, haz ejercicio y duerme. Sin salud no hay vida.
4. Vístete para el éxito. Cómo eliges verte refleja quién eres.
5. Invierte en tus relaciones públicas para tener una conexión personal con tus jefes, colegas y clientes, y no olvides de invertir en tu equipo de trabajo. Ser solidario y generoso con los demás sólo atraerá buena energía a tu vida.

6

Hazte campaña

Hacer relaciones públicas es una inversión esencial en ti, como he mencionado en el capítulo anterior, al igual que lo es hacerte campaña. Todos debemos hacer campaña para hacer avanzar nuestras carreras y abrir nuevas puertas en el camino al éxito. Nunca sabes por dónde puede surgir tu próxima gran oportunidad. Por eso, creo que es importante no sólo hacer relaciones públicas dentro de tu industria, sino también ir a los eventos relacionados a causas o temas que te interesen.

> *Nunca sabes por dónde puede surgir tu próxima gran oportunidad.*

Cuando Marcos y yo empezamos a hacernos campaña, lo llamamos "rompiendo mercados". Romper mercados significa viajar para que te conozcan personalmente y te puedas promocionar. Es parecido a las campañas electorales de los políticos. Entonces, para hacer que *El Show de Cristina* pegara en los mercados donde Univision no era fuerte, decidí invertir en mis relaciones públicas, por mi cuenta, para abrir más puertas. El departamento de relaciones públicas de Univision se dedicaba a la cadena, no a cada show, y yo lo que quería era un show que tuviera altos ratings a nivel nacional. Entonces, como hacen muchos políticos en campaña, me tocó ir a ellos, ir a estos lugares donde la cadena no era fuerte, y conectar directamente con la gente para romper estos mercados.

Teníamos poco dinero en ese momento, pero con ese poco dinero volábamos a lugares para presentarme gratis y nos llevábamos a Miguel, mi maquillador, para que me aplicara la cara de Cristina. Éramos los tres Villalobos; todo lo teníamos que costear nosotros. La idea era participar en eventos locales de esas comunidades para volverme parte de ellas. Terminamos en los lugares menos pensados, donde me montaban en carrozas loquísimas, pero la inversión en esa campaña funcionó. Rompimos mercados y logramos un éxito descomunal.

Así es que te recomiendo que no te duermas en los laureles. No esperes que los eventos y las ofertas lleguen a ti como por arte de magia. Sal de tu zona de confort para conectar con más gente. Ve a eventos y conferencias locales y nacionales, y hasta internacionales, y hazte campaña. Cuanta más gente conozcas, más suben las posibilidades de que tu nombre esté en boca de todo el mundo. No tienes idea del efecto que esto puede tener en tu carrera.

Hazte campaña dentro y fuera de tu industria

Ve a los eventos que tengan que ver con tu carrera y haz relaciones públicas. Pero no te detengas solamente en eventos dentro de tu carrera, tienes que aplicar la polinización cruzada. Es decir,

¡Infórmate!

Cuando salgas a hacerte campaña, no olvides llevar contigo suficientes tarjetas de presentación para entregar a toda persona que conozcas. Estas las puedes mandar a hacer en Internet o en la tienda local de servicios y productos para la oficina. También guarda bien las tarjetas que te entreguen, y al día siguiente mándales un e-mail a cada uno de tus contactos nuevos para así establecer una conexión más duradera.

no importa en qué industria estés, ¡hazte campaña en otros lados también! En organizaciones que auspician a la mujer en la fuerza laboral, en las que luchan contra el sida, busca las causas que te interesan o importan, participa en esos eventos y hazte campaña allá también. La polinización cruzada es parecida al concepto de no poner todos los huevos en la misma canasta. Abre tu mente y el camino de tu campaña a otras áreas laborales, a causas, a mucho más que sólo tu industria. Nunca sabes qué puede surgir de todo este esfuerzo.

Armar una red social y hacer relaciones públicas es el secreto no sólo para una carrera exitosa, sino para una vida exitosa. Como dice Marcos, cuando estás pescando, a veces tienes que ir mar adentro para encontrar los peces porque no se encuentran cerca de la orilla. A veces puedes pensar que ciertos esfuerzos o viajes no sirvieron de mu-

Cuando estás pescando, a veces tienes que ir mar adentro para encontrar los peces porque no se encuentran cerca de la orilla.

cho, pero luego surge algo increíble e inesperado de ese esfuerzo que te trae una recompensa mayor.

Por ejemplo, yo no sólo iba a hacer relaciones públicas con redes dentro de mi carrera, lo que también me abrió un montón de puertas fue cuando empecé a meterme en otras organizaciones, como amfAR (The American Foundation for AIDS Research, la fundación estadounidense para la investigación, prevención y educación sobre el sida).

Luego de estar al aire con *El Show de Cristina* durante cinco años, fue Jorge Insua, en aquel entonces el productor general de mi programa, el que se me acercó y me planteó la pregunta: "¿En qué otras cosas te quieres involucrar fuera del programa?". Y enseguida le dije que me quería involucrar con el sida y la educación sobre el sida. Una de las razones por las cuales hacer esto me pareció una maravillosa sugerencia es porque una vez que te vuelves famoso, todo el mundo te pide dinero para sus organizaciones, o lo que yo llamaba "la enfermedad del mes". En vez de regar el dinero entre varias causas, me pareció que la idea de elegir una que me interesara a mí era brillante.

Elegí amfAR porque a mí me encantan los jóvenes y sé que lo único que nunca van a dejar de hacer es el amor. Cuando a mí me tocó crecer en el área del amor, uno podía besarse, ser romántico, hacer el amor, sin tener que preocuparse por cosas como el sida. Cuando el sida se volvió un problema, mi gente me empezó a preguntar cómo se contagiaba esta enfermedad, si es que te la podías contagiar a través de un beso con lengua… había tal paranoia y tanta falta de información en aquella época que me llevó a pensar: "Ellos no merecen esto".

DE ESO NO SE HABLA

La mayoría de los seres humanos pueden dejar de usar drogas, de beber, pero no pueden dejar de hacer el amor. Así fue que esta se volvió mi causa. Quise dar un paso adelante para ayudar a brindarles la información que necesitaban para protegerse y poder tomar sus propias decisiones. El arma más importante que uno le puede dar a una persona es la educación y la información. De eso también se trataba mi programa, de brindarles información a las personas para que pudieran tomar decisiones informadas. Igual, cuando tocaba ciertos temas como el sexo, me decían cosas como "no hables de sexo a una hora cuando los niños están en casa", y yo respondía: "Estoy hablando de sexo para los niños, no para ustedes".

Me convertí en la portavoz hispanohablante de amfAR y le dimos la donación más grande que ese año habían recibido: cincuenta mil dólares. ¿Y sabes cómo los recaudé? En una gira, haciendo campaña, firmé autógrafos y vendí cada uno por un dólar. Hacerme campaña fuera de mi industria me abrió una puerta enorme a otro mundo que no sabía que estaba a mi alcance: volé a Nueva York, donde conocí a Elizabeth Taylor para lanzar la campaña de amfAR y sacarnos una foto juntas. Luego viajé a Washington, D.C., con ella y después hablamos juntas en las Naciones Unidas en Nueva York. *"I'm the lady who fights AIDS in Spanish"* (Soy la mujer que lucha contra el sida en español), así me presentaba en esos discursos.

Entonces, cuando digo que hay que aplicar la polinización

cruzada y hacer cosas por el estilo, ese es el ejemplo perfecto. Otro ejemplo es Casa Cristina. Empecé a recibir llamadas para que hiciera productos con mi nombre. A mí no me gusta vender ropa, lo que me encanta es decorar. Le dije a Marcos: hagamos productos para la casa. Hicimos muebles, alfombras, lámparas, accesorios para la casa, ropa de cama, en fin, podías poner toda tu casa con nuestros productos. Y nos fue muy bien y fuimos muy exitosos durante varios años. Además, fui la primera persona en hacer eso en español. Los deportistas lo hacían, pero los demás no. Pasé de ser la Oprah latina a ser la Martha Stewart latina.

De todas las cosas que he hecho, Casa Cristina es lo que más extraño porque me encantaba diseñar, y me sigue encantando. Si pudiera, lo haría de nuevo. Fíjate que al abrirme a hacer otras cosas fuera de mi industria, encontré experiencias y oportunidades totalmente inesperadas. Por eso me parece un gran consejo y secreto para compartir. Si sales a buscarlas, encuentras un sinfín de posibilidades a tu disposición.

> *Si sales a buscarlas, encuentras un sinfín de posibilidades a tu disposición.*

De campaña personal a campaña presidencial

No creo en la política. Vengo de un país comunista y vi lo que puede pasar con una política corrupta. Pero también aprendí la importancia que tiene el votar. Mientras uno no vote, las cosas no van a cambiar. Si tienes la posibilidad de votar, ejerce ese derecho siempre, aún más siendo mujer. Esto me parece esencial, aunque no creo en la política y nunca me quise involucrar en la política.

Pero cuando el presidente de Estados Unidos me tocó a la puerta, decidí abrirme a otra nueva oportunidad que se me presentaba inesperadamente y quería ver hacia dónde me podría llevar.

En mayo de 2012 recibimos una llamada del equipo del presidente Barack Obama en la que nos dijeron que sabían que el voto latino sería el voto decisivo para elegir al próximo presidente de Estados Unidos y querían mi ayuda. Me pidieron que fuese la portavoz de la campaña del presidente Obama en español. Yo odiaba la política por todo lo vivido con Fidel Castro. Al fin y al cabo, mi familia se tuvo que ir de Cuba por culpa de Fidel y su política. Así que al principio dije que no. Además, la realidad es que, al principio, no estaba muy convencida de que me gustara Obama. Cuando lo veía hablar, notaba que usaba muchas palabras en sus discursos que yo ya había oído cuando era chiquita. Por momentos era como escuchar hablar a Fidel Castro o a Hugo Chávez, y eso me incomodaba enormemente; sentía que era un demagogo.

Un día, el presidente me llamó en persona por teléfono y yo le fui totalmente sincera: "No te conozco. Conozco a Hillary Clinton, he trabajado con ella, conozco a Bill Clinton y conozco a todos los Bush, pero a ti no te conozco. Entonces, si yo no te conozco y no veo tus ojos y no veo cómo eres y si eres sincero o no, no voy a hacer esto porque no me gusta la política". Y ahí le eché el discurso de que vengo de un país comunista, y todo lo relacionado a eso. Pero él insistió. Me pidió que le diera una oportunidad para conocernos en persona. Al final de la conversación, le dije: "Señor presidente, no veo la hora para estrecharle la mano", y él me contestó, "No, pero y qué de un beso y un abrazo", y ahí dije, ah, este tipo está bien. Al final nos conocimos en Miami mismo. Y fue muy gracioso. El presidente es bien alto mientras que Marcos y yo somos muy chiquititos, entonces, cuando nos juntamos aquella primera vez, parecíamos dos tapones con él en el medio. Cuando finalmente tuvimos la oportunidad de hablar, y pude ver quién era el presidente Obama, cambié de parecer.

Otra de las razones por las que acepté ayudar a la campaña de Obama fue porque él es afroamericano. Yo vengo de un país donde hay muchos mulatos. Es más, la parte mulata mía está aquí, en mis nalgas, porque soy española y mulata. Entonces, en Cuba vivimos cosas tremendas, pero el racismo nunca fue una de ellas. Todo ese problema lo conocí aquí, al mudarnos a Estados Unidos.

Cuando llegamos a este país en junio de 1960 nos trajimos una tatica, una niñera, que era negra y se llamaba Idalia. Ella estaba a cargo de todos nosotros, los niños rubiecitos. Entonces, cuando nos montábamos en un autobús en Miami, a Idalia le decían que ella no se podía sentar con nosotros. Se tenía que sentar al fondo del autobús, pero ella no nos podía perder de vista. Y se ponía histérica cada vez que nos pasaba esto. Nos bajaba volando del autobús, sin poder comprender este racismo nunca antes vivido en nuestro país natal. No sólo eso, no podía ir al mismo baño que nosotros ni tomar agua del mismo bebedero. Nosotros llegamos aquí en el medio de todo eso, así que yo sabía el gran paso que significaba que hubiera un presidente afroamericano en un país donde apenas unos cincuenta años antes, ni siquiera podría haberse sentado conmigo en un autobús.

Así comencé a rodar una serie de anuncios en español para la campaña del presidente Obama, que fueron, gracias a Dios, muy exitosos. Después de eso fue que empezó mi problema. La gente mía —los cubanos de Miami— me comenzó a criticar por apoyar la campaña de Obama. En los aeropuertos me gritaban "vendepatria", "comunista" y otra cantidad de barbaridades. Me dejaron totalmente atónita, pero seguí adelante.

Entre tanto, el acuerdo era que yo haría los anuncios para la campaña, pero no haría ruedas de prensa ni discursos. Hasta que un día tuvimos una llamada en conferencia para hablar sobre la Convención Nacional Demócrata. Habíamos dejado en claro que yo no quería dar discursos, pero a ellos les interesaba que participara de alguna manera más personal. Querían que mi presencia tuviera un papel importante en la convención. Durante la llamada, de pronto Jim Messina, el director de la campaña del presidente, se dirigió a mí y me pidió que diera un discurso en la Convención Nacional Demócrata y sin pensar contesté al instante: "Sí". Todos quedaron sorprendidos con mi respuesta inmediata, hasta yo misma. Pero ni lo dudé, ese "sí" me salió del corazón.

El día de la convención, Jorge Insua, ahora el presidente de mercadeo y desarrollo de mi compañía, me agarró de la mano y me acompañó hasta el escenario. Creo que tenía miedo de que yo saliera corriendo, pero al contrario. Al ver esa cantidad de gente, mientras caminaba hacia el micrófono, hasta aceleré el paso, y eso que ya en ese momento me costaba caminar. Cuando me acerqué al podio, me di cuenta de que el apuntador donde debía aparecer el discurso estaba trabado. Por suerte, con mis años de experiencia en televisión, pude improvisar mientras detrás del escenario Jorge corría por todas partes pidiendo que por favor prendieran el apuntador. Sólo fueron unos segundos, y al ver todo en la pantalla, respiré profundo y me lancé. El discurso que di había sido aprobado por el equipo de Obama, aunque alguna cosita improvisada (¡y en español!) se me escapó porque la energía de esas veinticinco mil personas aplaudiendo y alentándome era electrizante.

Hablé de lo que fue llegar a Estados Unidos con mi familia a los doce años como exiliada de Cuba, a la tierra de la libertad, donde si trabajas duro todo se vuelve posible. Compartí cómo, después de tener que dejar la universidad, transformé mi pasantía en un trabajo y ese trabajo en un negocio y en un programa de televisión que llegó a tener cien millones de televidentes en cuarenta países. La gente me aplaudía y yo les decía entusiasmada y en español: "Sí se puede", lo cual alentaba a la audiencia aún más. Como bien les dije aquel día, para mí el sueño americano no es un sueño sino una promesa, y es la historia de mi vida, así como la de los DREAMers, y por primera vez, esa promesa peligraba en manos del gobernador Romney. Su plan era uno que nos iba a echar pa'tras, y lo que yo le quise expresar al público es que debíamos echar pa'lante con el plan del presidente Obama. Me subí a ese escenario porque quería ayudar a que esa promesa americana continuara existiendo para que la pudiesen aprovechar y disfrutar mis hijos y nietos, y todos los jóvenes que buscaban hacer de sus sueños una realidad.

Cuando me di la vuelta para irme, la gente me gritaba "Viva Cuba" y yo les contestaba "Pa'lante", y me bajé del escenario. En general, los discursos que dan los invitados en esas convenciones son muy locales y algo repetitivos y la gente en el público se cansa. Entonces, cuando yo me subí a ese escenario, les entregué toda mi energía, les grité "¡Pa'lante!" y di mi discurso mitad en inglés y mitad en español, me observaron totalmente sorprendidos.

Ya había acabado y me sentía bien, cuando de pronto oí un gran rugido del público cuando me retiraba, como una ola rompiendo en la orilla, y al mirar para atrás hacia el escenario y la gente, noté que cada una de las personas del público estaba de pie. No lo podía creer. Nunca había sentido eso en mi vida. Fue enorme.

Siendo que no me gusta dar discursos, ese lo disfruté inmensamente y lo haría otra vez. Sentí mucho amor y aceptación, y aprendí que a veces uno dice que no a algo por miedo, y nos limitamos sin querer y cerramos una puerta a una oportunidad que quizá nos regale unos resultados increíbles, si sólo nos animamos a dar el paso y hacerlo. Ese día, ¡hablé en frente de veinticinco mil personas y millones más en televisión, sobre todo anglosajones! Ni lo pensé, me lancé y lo hice. Si lo pensaba de más, el miedo se habría apoderado de mí y no lo habría podido hacer.

¡Infórmate!

Si quieres ver este discurso, puedes hacerlo en el siguiente enlace: youtu.be/ajXs15hh-hw. Y no te pierdas el discurso de Benita Veliz que aparece al principio del clip. Benita es una joven mexicana que de niña llegó con su familia a San Antonio, Texas, en busca de una mejor vida. A los dieciséis años se graduó de la secundaria como la mejor de su clase y, cuatro años más tarde, recibió una doble titulación de su universidad. En 2012, Benita hizo historia al ser la primera persona indocumentada en hablar en una convención nacional política. La de ella es una historia increíblemente motivadora y un ejemplo de lo que es la perseverancia, el esfuerzo y no darse por vencido.

Para vencer un miedo lo tienes que atravesar, te tienes que lanzar, porque si intentas evadirlo, tendrás que enfrentarlo más adelante. Obviamente, yo no puedo tener miedo a hablar en público dada mi carrera. Lo que pasa es que cuando haces televisión, le estás hablando a un huequito en una cámara. Hay millones de personas viéndote, pero no las sientes. No es lo mismo que tener a miles de personas, que no necesariamente saben quién eres, mirándote en vivo. Ese miedo fue algo que me tomó tiempo superar, pero hoy en día ya puedo hasta disfrutar hablar en público. Me he dado cuenta de que cuando estoy oyendo a alguien hablar mal en público, me dan ganas de ir y quitarle el micrófono y decirle: "Así no se hace". Pero está claro que fue un miedo que tuve que vencer y superar para llegar a este punto. Todos tenemos miedos, pero no podemos dejar que nos paralicen. Lánzate, enfréntalos, vale la pena, te hará más fuerte, te sentirás más segura de ti misma al lograr superarlos. ¡Pártele pa' arriba y sigue pa'lante!

> *Todos tenemos miedos, pero no podemos dejar que nos paralicen... ¡Pártele pa' arriba y sigue pa'lante!*

Ahora sigo involucrada con algunas causas, haciendo campaña a favor de la Ley del Cuidado de Salud, pero nunca aceptaría un cargo político. La política siempre me ha parecido un oficio donde la ambición y el poder se prestan para cegar las buenas intenciones. No me gustan las posiciones políticas, pero las causas políticas sí hay que apoyarlas porque el que no vota, luego no puede protestar cuando le cae un comunista a cargo de su país.

En realidad, siempre estuve involucrada en causas sociales,

haciendo campaña a través de mis programas para causas como la donación de órganos, el seguro médico, el sida, el casamiento gay. Todo eso, en algún nivel, involucra la política. Además, tuve que hacer campaña cada uno de los días de mi carrera y mi vida. Los políticos lo hacen cada cuatro años, yo lo hago todos los días, se llama *ratings*. Y, al igual que en la política, el tiempo que duras depende de tu gente. Mientras ellos sigan sintiendo que estás haciendo algo importante por ellos, seguirás ahí. Si perciben que estás haciendo algo para tu beneficio y no para ellos, ahí termina tu tiempo. Así que lo que tú quieras hacer por ti misma, asegúrate de que tenga un propósito más grande, que lo haces por más razones que sólo obtener una ganancia personal y que te hace feliz en el camino. Como bien me enseñó Marcos, es el viaje, no el destino, lo que importa.

PONLO EN PRÁCTICA Y APLÍCALO A TU VIDA

1. No esperes que las oportunidades lleguen a ti como por arte de magia. Toma acción y ve a eventos locales, nacionales e internacionales y hazte campaña.
2. Hazte campaña dentro y fuera de tu industria. Nunca sabes dónde puede surgir una oportunidad increíble.
3. Involúcrate en una causa o alguna organización sin fines de lucro. Abre tu mundo a nuevas posibilidades.
4. Vence tus miedos, atraviésalos, que del otro lado saldrás ganando.
5. Asegúrate de tener un propósito más grande, que tu campaña vaya más allá de la ganancia personal.

7

Échate flores

A esta altura ya te he expresado la importancia de invertir en ti misma y hacerte campaña. Ahora quiero que a todo eso le integres echarte flores. Sí, eso mismo. Si ya has invertido en ti y haz salido a hacerte campaña, pues ha llegado la hora de romper la barrera de la humildad y sentirte lo suficientemente segura para echarte flores. Si sabes que eres buena haciendo algo en particular, no tengas miedo de decirlo en voz alta.

Hace poco tuve una conversación con Miguel, mi maquillador, en la que tocamos justamente este tema:

—¿Quién es el mejor maquillador de Miami? —le pregunté.

Y me contestó sin titubear:

—Yo.

—Yo lo sé, ¿tú lo sabes?

—Sí, yo soy el mejor. Por eso cobro lo que cobro y hago lo que hago —me respondió.

—¿Y tú le dices eso a la gente? —le pregunté.

—¡Claro, para que me empleen! Y lo pongo en mi sitio web. Y pongo todos mis créditos.

Miguel se está echando flores, y con toda razón. Él es un excelente maquillador, y si no lo dice abiertamente enfrente de sus clientes o en su sitio web, quizás la gente no se entere. Como cliente, verlo así de seguro en lo que hace te hace sentir que estás en buenas manos. Y luego lo sigue con acción, porque los resultados hablan por sí solos.

Hagas lo que hagas, tienes que aspirar a ser la mejor, saberlo y decirlo. Cree en ti. Si tú no crees en ti misma, el resto del mundo tampoco lo hará. Tu seguridad en ti misma creará confianza en los demás. Como mujer, es aún más importante que rompas con ese pudor con el que nos criaron, y digas abiertamente que eres la mejor en tal o cual cosa. No tengas miedo. No importa lo que piensen los demás, esto es para ti. Si no te echas flores a ti misma, habrá mucha gente que se va a parar frente a ti para recibir las flores que en realidad te corresponden a ti, y lo harán sin la menor vergüenza, haciendo de cuenta que ellos son los que se las merecen. Si no te expresas, si no te haces escuchar y respetar, vendrán otros a quitarte el crédito. El mundo está lleno de competencia, así que aprende a hablar bien de ti misma en el momento justo para promocionar tus habilidades, tus logros y tu carrera.

> *Si tú no crees en ti misma, el resto del mundo tampoco lo hará.*

A muchas de nosotras nos criaron diciéndonos que debemos ser humildes y educadas, lo cual equivalía a no alardearnos en público. Cuando recibes un cumplido, en vez de sonreír, mirar hacia abajo y hacer de cuenta que no te lo mereces, haz lo contrario. Mira a los ojos a la persona y dile gracias. Tú sabes que te mereces ese cumplido, ese reconoci-

DE ESO NO SE HABLA

A lo largo de mi carrera, antes de recibir cada premio que me han otorgado, Marcos siempre se me acerca y me dice: "Por favor, sé humilde, por favor" porque a mí no me nace ser humilde. Lo que hago, lo hago muy bien, y lo sé. De la misma manera, también sé que no puedo freír un huevo, pero en mi trabajo soy muy buena. Por lo tanto, no tengo miedo de echarme flores y aceptar los premios con gratitud, pero sabiendo que no llegaron gratis. Son el resultado de todo el esfuerzo, la pasión y la perseverancia que le pongo a mi trabajo. Y si alguien viene y te dice que se te están subiendo los humos y que te la estás creyendo, contéstales como yo: "Yo no me la creo, yo soy". A mí no me importa lo que otros piensan de mí, lo que me importa es lo que yo pienso de mí. No tengas miedo de echarte flores. Son tuyas para hacer con ellas lo que se te da la gana.

miento, ese halago; entonces, acéptalo y disfrútalo. Quiero que te quede clara una cosa: echarte flores no significa que no seas educada. Decir que eres la mejor en lo que haces, no es malo.

Quítate de la mente que una "dama fina" no debe hablar de sí misma con esa confianza y aprende a echarte flores simplemente porque te lo mereces.

Acepta tus puntos fuertes y tus limitaciones

Antes de echarte flores, tienes que descubrir y aceptar cuáles son tus puntos fuertes y tus limitaciones. En el capítulo 2 te empujé a buscar lo que te apasiona. Bueno, en esa búsqueda debes haber notado también lo que no te apasiona o lo que no te gusta hacer.

Todos tenemos cosas que hacemos bien y cosas que no. Tú no te puedes echar flores si te estás refiriendo a algo que no te sale tan bien porque, si lo haces, nadie te va a tomar en serio. Tienes que ser muy honesta contigo misma y tienes que echarte flores con lo que sabes que haces bien, muy bien. Recuerda: todos tenemos límites, y parte de echarnos flores es reconocer que no somos perfectas. No aspires a la perfección, es restrictiva, rígida e irreal: nadie es perfecto.

Por ejemplo, yo sé que soy excelente en mi carrera y soy tremenda esposa, mamá y abuela, pero si me pones en la casa a hacer labores domésticas, no sirvo para nada. No tengo ningún problema en decirlo abiertamente. Reconocer tus limitaciones te brinda un balance positivo y saber que eres la mejor en algo y decirlo abiertamente es un acto de confianza en ti misma indispensable en la vida.

Aprende a decir que eres la mejor en lo que haces

Una vez que sepas cuáles son las cosas que haces bien y tus límites, no te quedes callada. Habla, échate flores, que si no lo haces tú, nadie lo hará por ti. Ten suficiente confianza en ti misma para decir con seguridad que tú puedes hacer el trabajo, y lo puedes hacer mejor que nadie. Y luego demuéstralo con acción. Las palabras no valen nada si no las respaldas con acción. Por ejemplo, si te echas flores y dices que eres súper puntual, pero luego, día tras día llegas diez o más minutos tarde, no estás respaldando tus palabras con acción. Esto se puede aplicar en cualquier área de tu vida. Por algo es que existe el famoso dicho: "Una acción vale más que mil palabras".

¡Infórmate!

Es tan importante seguir las palabras con acciones que en español existen varios dichos que describen este gran concepto:

- "Las palabras se las lleva el viento".
- "Del dicho al hecho hay un gran trecho".
- "Obras son amores y no buenas razones".
- "Dame hechos, no palabras".
- "El movimiento se demuestra andando".

Elige la que más te guste y aplícala a tu vida. Las palabras y las promesas cobran vida con la acción.

Cuando las acciones respaldan tus palabras, ¿por qué no vas a decir que tú eres la mejor o el mejor en lo que haces? El mejor ejemplo que he visto en mi vida es el de Celia Cruz. ¿Tú sabes el trabajo que le costó a Celia llegar a donde llegó, siendo mujer, y siendo negra? Trabajó sin parar, triunfó y se murió siendo una leyenda. En vida, ella sabía que era una leyenda y no tenía ningún problema en aceptarlo y echarse las flores que se merecía por todo sus esfuerzos y sus logros.

Celia era maravillosa. Cuando venía como invitada a mi programa, después de la grabación, se paraba afuera en el estacionamiento y, mientras salía el público, extendía sus brazos y le decía: "Tóquenme, tóquenme, tóquenme". Sabía que se merecía ese amor de la gente, de igual manera que sabía que sin su público no sería nadie. Muchos otros artistas que venían al programa, la mayoría con un solo éxito en su bolsillo, me preguntaban enseguida por dónde salía el público para salir por otro lado para que no los molestaran. Imagínate. Pero Celia no, Gloria tampoco, y yo tuve la gran oportunidad de aprender de ellas.

Refuerzo positivo

Dar y aceptar refuerzo positivo es tan importante como recibir y brindar crítica constructiva. El refuerzo positivo te motiva, te avisa que vas por buen camino y te alienta a seguir pa'lante. Y de la misma manera que a uno le gusta recibirlo, también lo debemos dar.

El refuerzo positivo es importante aplicarlo a las personas que te rodean, desde tu familia y amigos hasta tus colegas y clientes. Este gesto ayuda a crear confianza en uno mismo. Claro está que este refuerzo no se da gratis. Si tú no estás haciendo algo bien, tienes que estar igual de abierta a recibir una crítica constructiva. No es necesario desmoralizar a la persona al explicar lo que tienen que mejorar. La idea no es sólo resaltar lo que están haciendo mal, sino también brindar ayuda para que puedan mejorar. Y una vez que lo hagan mejor, felicítalos. Motívalos a seguir adelante. El refuerzo positivo nos ayuda a alcanzar el momento donde merecemos echarnos flores.

El reconocimiento

A mí no sólo me gusta el trabajo en sí, a mí me gusta el trabajo bien remunerado y que la gente me dé crédito por lo que hago. Creo que para todo el mundo los reconocimientos no solamente son agradables, sino que son importantes. Son importantes para ti, para tu autoestima, pero también para los que te emplean, así como para la dirección en la que tú quieres moverte. Por ejemplo, ¿crees que a mí me habrían llamado para hablar en la Convención Nacional Demócrata si el presidente Obama no hubiera visto todos mis premios y reconocimientos? Un premio o un reconocimiento público te abre más puertas y te brinda la posibilidad de conseguirte un mejor trabajo o cobrar más por el que ya estás haciendo. Tienes que saber recibirlos y saber darlos. A todos nos gusta recibir reconocimiento por haber hecho un buen trabajo. Entonces, no sólo busques reconocimiento personal, sino también reconoce a tus empleados y a la gente que te ayuda a estar donde estás parada hoy.

> *Un premio o un reconocimiento público te abre más puertas y te brinda la posibilidad de conseguirte un mejor trabajo.*

Eso es lo que hacíamos con nuestros concursos en Univision. Esos concursos servían para motivar a nuestros empleados y para compartir el éxito que habíamos logrado en conjunto. Sin ellos, el programa no se podría haber llevado a cabo. Cada uno tenía que cumplir con su tarea para que todo marchara bien. Al hacer esos concursos y darles como premio una suma de dinero que venía de nuestro bolsillo, estábamos compartiendo nuestro éxito y reconociendo el rol que tuvieron ellos en ayudarnos a llegar tan lejos.

En 1999, cuando el Hollywood Chamber of Commerce me honró con una estrella en el Paseo de la Fama de Hollywood, yo lo quise celebrar con mis más allegados. Invité a mi familia entera a que me acompañara, hasta llevé a mi secretaria. Lo que más deseaba era compartir ese reconocimiento con todos mis seres queridos porque, al fin y al cabo, todos fueron parte de ese trabajo duro que llevó al éxito. En ese momento las flores no eran sólo para mí, eran para mi familia completa. Por lo tanto, échate flores, no tengas miedo de decir que eres la mejor en lo que haces, pero también comparte esas flores con los que te rodean, los que te apoyaron y te ayudaron a que llegaras a ese punto alto en tu vida.

PONLO EN PRÁCTICA Y APLÍCALO A TU VIDA

1. Hagas lo que hagas, tienes que aspirar a ser la mejor, saberlo y decirlo.
2. No aspires a la perfección, acepta tus limitaciones y concéntrate en tus puntos fuertes para triunfar.
3. Respalda tus palabras con acción para que te tomen en serio y te respeten.
4. Busca dar y recibir refuerzo positivo para crear confianza en ti misma y en los demás.
5. Aspira a recibir premios y reconocimientos por lo que haces, y no te olvides de reconocer a los que te rodean. El reconocimiento no sólo es agradable, sino importante.

8

Nunca te des por vencida

¿Quieres que comparta contigo mis tres secretos básicos para triunfar en la vida?

1. Nunca te des por vencida.
2. Nunca, nunca te des por vencida.
3. Y nunca, nunca, nunca te des por vencida.

Es así de simple. Si te caes, recógete. ¡Pa'lante, pa'lante; pa' atrás ni pa' coger impulso! Lo que significa esta frase, la cual he adoptado a lo largo de mi carrera, es que aunque te caigas, aunque pierdas, aunque te sientas destruida, como me sentí yo el día que me cancelaron *El Show de Cristina* después de veintiún años de éxito y lealtad, pues, no queda otra que levantarte y seguir pa'lante. Nunca te des por vencida. Lo he vivido en carne propia, y aquí comparto mi experiencia para que aprendas de mis vivencias. No importa cuántas puertas me cierren en la vida, jamás me daré por vencida porque yo soy responsable por hacer que mis sueños se hagan realidad. Y si yo me venzo, ¿quién

> **No dejes que nada ni nadie te destruya.**

más va a luchar por ellos? No es sólo mi motivación, es mi responsabilidad. Espero que tú apliques lo mismo en tu vida. No dejes que nada ni nadie te destruya.

El final inesperado de *El Show de Cristina*

Durante mis años en Univision, ellos se portaron muy bien conmigo. Pero yo también me porté muy bien con ellos. Y cuando digo *ellos*, no hablo de la cadena en sí. Univision no es un logotipo ni un edificio, es la gente que trabaja ahí. Lo que hace que Univision sea hoy en día la cadena número uno en español de Estados Unidos es la gente que estuvo ahí desde los comienzos, los que dejaron su vida ahí, como mi productor, como yo, como Don Francisco, María Elena Salinas, Jorge Ramos, Lili Estefan, Raúl "El Gordo" de Molina, María Antonieta Collins, Neida Sandoval y Teresa Rodríguez. Eso es lo que hace a una compañía. Si miras como ejemplo los canales en inglés, Walter Cronkite hizo su carrera en CBS, Barbara Walters la hizo en ABC. Siguieron trabajando allí hasta el final. No los botaron. Cronkite se retiró a los sesenta y cinco años y Walters trabajó para la misma cadena durante treinta y ocho años, retirándose en mayo de 2014. Cuando un cambio de mando no logra ver la importancia de ese básico factor humano y comienza a sacar personas para reemplazarlas con gente joven sin experiencia, matan la esencia de esa compañía. Eso es lo que ocurrió en Univision el año en que cancelaron mi programa.

Antes de continuar, quiero aclarar lo siguiente: a mí técnicamente no me echaron, sino que me dijeron que habían decidido que no querían continuar con el programa, pero que me querían mantener en el canal haciendo especiales. Y quien tomó esta decisión no fue Univision la cadena, sino el presidente de turno, una persona que ni me conocía, que al final duró sólo unos pocos años en ese puesto. Pero ponte en mi posición: cuando tienes un programa semanal con ratings altos y te dicen que te lo van a cancelar y reemplazar por un par de especiales, ¿no te parece que es una oferta que deja mucho que desear? Es la clásica movida de las corporaciones que no te "botan", sino que te ofrecen algo que en el fondo saben no podrás aceptar porque no te interesa o porque nada tiene que ver con lo que has venido haciendo durante tantos años. Al final, es otra manera de despedirte, pero sin que quede nada por escrito. Por eso, muchas veces, cuando hablo sobre este momento, uso la palabra "botar" porque eso es lo que sentí. Y déjame decirte: fue uno de los momentos más traumáticos de mi vida. Pero antes de contarte cómo me sentí, y cómo decidí no darme por vencida, tengo que empezar por el comienzo.

Los contratos en televisión son al revés que los de la mayoría de las otras industrias: mientras más tiempo duren, peor es. Cuando firmas un contrato en televisión, lo haces con una suma de dinero fija. Con el pasar del tiempo, si tú mejoras y ganas más plata para la cadena, sigues ganando lo mismo que dice tu contrato hasta que este expire. Puedes estar trabada con el mismo salario hasta por seis años. No es recomendable. Fue así que un día me acerqué al entonces presidente de Univision, Ray Rodríguez, y le dije: "Mira, vamos a hacer una cosa. Como tú y yo peleamos tanto, vamos a renegociar mi contrato una vez al año. Si cuando pasa el año tú no estás disgustado conmigo ni yo contigo, te firmo otra vez". Y así lo hicimos sucesivamente durante ocho o nueve años. Sí nos peleábamos, pero al final siempre llegábamos a algún acuerdo. Existía un respeto mutuo tácito.

En 2009, Ray estaba entrenando a su sucesor mientras se preparaba para retirarse de la cadena, lo cual ocurrió al final de ese año. Al igual que cuando cambian de gobierno en la Casa Blanca, el día que se retiró Ray, también se retiró parte de su equipo de trabajo. Un joven de treinta y cinco años, fue nombrado nuevo presidente de Univision Network, y ahí comenzó el desagüe de empleados.

Despidieron a personas con años de experiencia y las reemplazaron con gente nueva, joven y, en algunos casos, sin experiencia. En los medios impresos y televisivos, tú respetas nada más a los que son como tú, los que tienen la experiencia y pueden mandar porque saben lo que están diciendo. Para mí, era evidente que estaban buscando sacar a las personas mayores y reemplazarlas con gente más joven; buscaban hacer un cambio radical con la cadena, y en el ínterin se hicieron horrores.

Había semanas en que despedían a decenas de personas en un solo día, muchas de las cuales habían estado ahí toda una vida. Observar todos estos sucesos que comenzaron a fines de 2009 nos rompía el corazón porque, hasta ese momento, todos los que habíamos trabajado en Univision éramos como una gran familia.

Te soy totalmente sincera: yo pensaba que sería inmune a todo este cambio. Es más, todos los que nos rodeaban pensaban lo mismo. Nunca nadie se imaginó que Marcos y yo nos veríamos directamente afectados por este tornado que había tocado tierra en Univision porque mi show había durado veintiún años al aire y seguíamos ganando mucho dinero para la cadena. Es más, para ese entonces, uno de los últimos programas que habían salido al aire fue uno en el que entrevisté a Lucero y había tenido diecinueve puntos de *rating*, todo un éxito. No había razón para preocuparse, o por lo menos eso era lo que pensábamos el día que nos citaron en la oficina para una reunión.

Soy bastante distraída, así que no me acuerdo ni cómo lucía ese día. Sí recuerdo que le pregunté a Marcos qué querría este tipo con nosotros, si casi ni lo conocíamos. Pero Marcos me dijo: "Seguro que es para renegociar el contrato y saludar". Así que fuimos a la oficina sin ningún indicio ni sospecha de lo que estaba por ocurrir. Llegamos, nos sentamos en la sala de espera y, como era la costumbre, me puse a chismear con la secretaria, que era la secretaria de mi ex jefe. Sin embargo, mientras hablábamos, noté que ella estaba bien nerviosa. Ahora sé que probablemente sabía lo que estaba por ocurrir y, como nos teníamos mucho cariño, no sabía qué decir dadas las circunstancias.

Al fin nos hicieron pasar a la oficina. Adentro nos recibieron dos de los ejecutivos principales del nuevo mando en la cadena. Me preguntaron dónde me quería sentar y elegí el puesto donde siempre me sentaba para negociar con Ray. Empezamos a hablar y noté que había algo de tensión en el aire. Pasamos a conversar sobre nuestra supuesta negociación del contrato, razón por la cual Marcos y yo creíamos que nos habían invitado a esta reunión, cuando notamos que la ida y vuelta de la conversación se tornó extraña. Se notaba que tenían los nervios de punta. Finalmente, nos revelaron el verdadero motivo de la reunión: habían decidido cancelar *El Show de Cristina*. Nos explicaron que les parecía el momento ideal para hacerlo porque al show le estaba yendo bien y eso nos daría la oportunidad de terminarlo e irnos en alto.

Este giro repentino en la conversación nos tomó totalmente por sorpresa. Fue como recibir una bofetada en la cara. No sabíamos cómo reaccionar. Marcos de pronto le dijo a uno de ellos: "Pero, ¿tú viste los ratings que tuvimos el lunes pasado?". Sin embargo, insistieron en que esta decisión no era una cuestión de ratings. No lo podíamos creer. Cuando nos dijeron eso, al instante Marcos se paró, me miró y me dijo: "Vamos, vamos". En eso le pedí que se esperara y me viré hacia el que hablaba y le pregunté, indignada: "Ven acá, ¿tú me estás botando?". A lo que enseguida respondieron que para nada, que esta era mi casa, que tenían otros planes para mí, que querían que me quedara e hiciera unos especiales para la cadena.

Nos costaba comprender lo que estaba ocurriendo ante nuestros ojos. Luego resultó que esos especiales de los que nos hablaron eran sólo dos. Es decir, pasaba de tener un programa semanal, a hacerles dos especiales y listo. La razón detrás de esa oferta de "especiales" era clarísima: querían que firmara un contrato por estos dos especiales para así asegurarse de que yo no pudiera trabajar con más nadie por un tiempo, o sea, querían "engavetarme". Fue súper extraño, casi personal. No tenía sentido. Los ratings eran súper altos, él mismo nos dijo que el show estaba en alto. Nos cayó como un balde de agua fría.

Como los nuevos ejecutivos en el poder estaban buscando cambiar la cadena, aparte de despedir a un gentío, también comenzaron a cambiarle el *look* a la cadena y a los shows. Los empezaron a remodelar para que se vieran más modernos, lo cual no fue bien recibido por la gente porque se veía un poco frío para nuestro público. Uno de los problemas básicos que tenían con nosotros, dado este cambio general que buscaban hacer, es que por contrato nosotros teníamos total control creativo sobre nuestro show, y eso no les convenía. Lo que comenzó a ocurrir fue que si a ellos no les gustaba algo que se había hecho en mi programa, nos llamaban y nos decían que debíamos quitarlo. Sin embargo, por contrato ellos no tenían el derecho de ordenarnos quitar nada, ni siquiera si lo que estábamos haciendo podía desfavorecer algún otro negocio que estuvieran haciendo ellos.

Este tira y afloja en realidad siempre existió. Cuando comenzamos en Univision también tuvimos batallas que librar porque estábamos rompiendo el molde y peleando por lo que creíamos. Así fue siempre, sin embargo, antes era una batalla mucho más cordial. Existía un diálogo. El presidente anterior no nos ordenaba quitar algo del programa, sino que nos llamaba para explicar lo que estaba ocurriendo para que juntos llegáramos a un acuerdo que nos conviniera a ambos. Nos ayudábamos. Pero con la nueva gerencia comenzó una guerra de control ardua. Claro, cuando aparecieron estos nuevos dirigentes, mánagers, directores, aparte de no tener un historial con los que ya estábamos ahí, querían hacerse respetar e imponer sus ideas y cambios sin tomarse el tiempo para comprender la historia de cada uno de nosotros en el canal, las batallas ganadas y perdidas, los logros... todo lo que en últimas hace a una organización como Univision.

Aquel día, en esa oficina, después de recibir esta noticia totalmente inesperada, mientras nos levantábamos para irnos, me preguntaron cuándo les iba a contestar en cuanto a los especiales, y cordialmente les pedí un tiempito para pensarlo. Al salir del edificio, Marcos y yo nos subimos al carro y nos dirigimos hacia nuestro barrio, directo al bar llamado Town, que queda en una esquina cerca de nuestra casa. Nos sentamos en una mesa y Marcos se pidió un whisky doble y yo un martini. No podíamos creer lo que acababa de pasar. Nos mirábamos y nos preguntábamos: ¿Qué acaba de ocurrir? ¿Qué fue eso? Nos acababan de robar, de matar, sin razón alguna. Y más que enojo y rabia, lo que sentí en aquel momento fue puro shock. No lo comprendía. No fue sino hasta más tarde que llegaron el dolor y la depresión.

Los hicimos esperar como dos meses antes de responderles, aunque ya sabíamos que la respuesta sería no. Mientras tanto, pasé de estar en shock absoluto a ponerme bien brava. Teníamos contrato vigente hasta final de ese año, y nos hablaron del tema como en agosto, es decir que todavía, por contrato, nos quedaban unos meses de trabajo por delante.

Otra cosa que ocurrió ese mismo día que nos dijeron que iban a cancelar *El Show de Cristina* fue que nos prohibieron darle la noticia a nuestros empleados, quienes como resultado de esta decisión también iban a quedarse sin empleo. Los dirigentes nos explicaron que ellos iban a hablar con los empleados primero, pero les dijimos que no, que nosotros íbamos a hablar con ellos primero y luego podrían entrar a ultimar detalles. Insistieron en que ellos debían al menos estar presentes cuando habláramos con nuestra gente, pero seguimos firmes y nuevamente les dijimos que no. Marcos y yo queríamos hablarles primero para que tuvieran tiempo de digerir la noticia. Como nosotros somos dueños de los estudios donde grabábamos, el control de la situación estaba en nuestras manos, y finalmente aceptaron nuestras condiciones. Además de todo, a mí no me interesaba que estos dirigentes fueran a decirles que el show se había acabado por alguna otra razón. Yo quería decirles la verdad, era lo mínimo que se merecían después de tantos años de lealtad y trabajo.

Cuando finalmente les dimos la noticia, quedaron igual de atónitos que nosotros. Había mucha gente ahí que había estado trabajando en el programa desde el comienzo. Muchos lloraban, otros se quedaron sin aliento ni palabras. Fue un momento muy duro de tragar, no sólo por la sorpresa y el desconcierto que genera enterarte de que te quedas sin trabajo, sino también porque nuestro grupo laboral funcionaba como una familia. Y esa decisión no sólo tenía repercusiones individuales para cada uno de nosotros, nos afectaba como familia. Enseguida unimos fuerzas y Marcos y yo pusimos manos a la obra para ayudarlos a buscar trabajos nuevos para que no se tuvieran que quedar en la calle. Fue un proceso tristísimo para todos nosotros.

Entretanto, Marcos volvió a hablar con los dirigentes para terminar de programar el tiempo que quedaba del show, pero lo único que nos pidieron fue que grabáramos el último programa, el de la despedida. No querían que hiciéramos ningún otro programa, más que ese. La sensación era que cuanto antes termináramos, mejor. Yo sentí que lo que querían era destruirnos, para usarnos como ejemplo para todos los demás que deseaban ser independientes dentro de la compañía. Pero no lo lograron porque yo nunca me doy por vencida.

Inicialmente nos pidieron que hiciéramos un programa de dos horas para la despedida del show, que era más bien para los publicistas y para que el público no se diera cuenta de lo que en realidad estaba ocurriendo, pero logramos acordar hacerlo de sólo una hora. Ellos querían comunicarles a los de afuera que Cristina se retiraba, pero ese no era el caso, el final de *El Show de Cristina* no fue mi elección.

En medio de todo esto, Marcos finalmente les dio la respuesta a la oferta que nos habían hecho sobre los especiales: "No, no la aceptamos". A ellos les molestó enormemente. No esperaban que yo dijera que no porque en lugares tan poderosos y grandes, el que está por debajo de los dirigentes ejecutivos casi nunca gana, supuestamente no tiene voz ni voto. Pero ese no era mi caso. Nos mandaron abogados para seguir negociando, para meternos algo de miedo, pero nuestra decisión ya estaba tomada. Esto es un ejemplo perfecto de lo que hablamos anteriormente: para negociar, tienes que saber lo que vales y estar dispuesta a dejarlo todo. Yo sabía muy bien lo que valía, y no merecía ese trato, así que me tocó irme.

> *Para negociar, tienes que saber lo que vales y estar dispuesta a dejarlo todo. Yo sabía muy bien lo que valía, y no merecía ese trato, así que me tocó irme.*

Al último show fueron grandes artistas, como Joan Sebastian, Fernando Colunga y Gloria Estefan, entre muchos otros, pero la que mejor habló en el programa fue mi hija Titi. "Después de tantos años que mi mamá ha hecho esto, se siente tanto el amor que tienen todos ustedes por ella. Gracias", dijo entre lágrimas. Fue el momento más conmovedor de todos para mí. Hasta el día de hoy me emociona pensar en sus palabras durante aquel momento tan repentino que no sólo me afectó a mí, sino a toda mi familia. Ya llegando al final de la hora de despedida, después de agradecer a todos los que ayudaron a llevar a cabo el programa y al público fiel que me apoyó durante veintiún años, miré directo a la cámara y dije con firmeza: "Yo no me retiro. Aquí hay Cristina pa'rato... pa'rato... pa'rato". A mí nadie me iba a tumbar y hacer creer a los demás que me retiraba, de ninguna manera. Ni en el momento más inesperado y doloroso de mi carrera pensé en darme por vencida.

Después de aquella grabación hicimos tremenda fiesta en el estudio, con artistas invitados y todo. Pero la realidad es que ya para ese momento, no sentía absolutamente nada. Mis emociones seguían paralizadas del shock y, en mi mente, ya me había ido de ahí.

¡Infórmate!

Quedarse sin trabajo de un día para otro es un momento muy traumático. Aquí van algunos consejos para lidiar con esta situación emocional de la mejor manera posible:

1. Mantén la calma en el trabajo. Ese no es el lugar para ventilar tu dolor o enojo.
2. Es normal que necesites un momento de duelo después de tal shock. Tómate un tiempito para sanarte y pensar cuál es el mejor paso a dar para continuar en tu camino.
3. No pierdas esperanza ni te des por vencida.

Para finalizar la salida, Marcos tuvo que regresar a las oficinas a negociar los últimos detalles del cierre de esta etapa de nuestras vidas. Era parecido a lo que es divorciarse: había que ver qué hacer con nuestro estudio —el cual ellos alquilaban—, los empleados y todos los detalles que conlleva terminar una relación después de veintiún años. Una de las cosas que me prohibieron fue hablar con la prensa. Entonces, entre toda esa confusión y dolor, me pasaba algo extremadamente frustrante: cuando iba a Kmart a promocionar Casa Cristina, nuestros productos para el hogar, la gente en la fila que llegaba para pedirme una autógrafo, me preguntaba: "Cristina, ¿por qué nos abandonaste?". Yo no soy nadie sin mi público, sin mi gente, y verles esa expresión de dolor en sus caras, esa sensación de abandono, me carcomía el alma. Yo deseaba con todo mi ser responderles que yo no los había abandonado, ¡pero no les podía decir nada! Me lo preguntaron y me lo preguntaron hasta que me cansé y finalmente lo dije en una entrevista: "Yo no me fui. A mí me botaron". A eso le siguió una guerra de palabras interminable donde los dirigentes de Univision contradecían lo que yo decía y viceversa.

Me tenían loca y al final todo ese vaivén, sumado al shock de lo que acababa de vivir, me cayó encima como una tonelada de ladrillos. Ese diciembre, cuando ya estaba de vacaciones, cuando ya estaba en mi casa, entré en una gran depresión. Observé cómo ese cambio de mando y ese grupo nuevo de dirigentes fueron desbaratando la cadena que todos nosotros, en conjunto, con años de trabajo y esfuerzo, habíamos logrado fabricar. Univision ya no era ni la mitad de lo que había sido antes... por algo es que hoy en día la mayoría de esas personas que estaban en el poder, ya no están más allí.

El mayor dolor venía del hecho de que, a través de los años, yo siempre sentí que pertenecía a la familia de Univision. Entonces cuando, de un día para otro, el grupo nuevo de dirigentes me cerró la puerta en la cara, fue como si mi familia me abandonara, fue como quedarme sin familia, y como era de esperarse, eso me sumió en una gran depresión.

Quedarme sin mi trabajo me afectó muchísimo, pero no tanto como quedarme sin mi familia. Después de veintiún años compartidos, la soledad de no estar más con ellos, de ver a toda tu gente sin trabajo, de ver que de pronto estábamos todos desparramados por Miami, me dejó sintiéndome desamparada e impotente.

A mí no me gustan los cambios. Yo quería preservar a mi familia laboral intacta, pero estaba fuera de mis manos. La vida es un rosario de cambios y de decisiones, y estas son las experiencias de las que más aprendes y con las que más creces. Todos debemos aprender a ser flexibles en la vida y abrir los ojos para ver lo que está pasando a nuestro alrededor y, así, decidir cuál será nuestro próximo paso, en qué dirección movernos. Por más dolorosos, fuertes y difíciles que sean los cambios en tu vida, cuando sientas ganas de darte por vencida, no lo hagas. Acuérdate de lo que siempre digo: ¡Pa'rriba y pa'lante! Si levantas la cabeza, verás que la luz que titila al final del túnel es una nueva puerta que está a tu alcance para comenzar un nuevo capítulo en tu vida. Ve, ábrela y sigue tu camino.

> *La vida es un rosario de cambios y de decisiones, y estas son las experiencias de las que más aprendes y con las que más creces.*

PONLO EN PRÁCTICA Y APLÍCALO A TU VIDA

1. Nunca te des por vencida. Si te caes, recógete y sigue pa'rriba y pa'lante.

2. Aunque estés en alto, en la cima de tu carrera, no quiere decir que hayas dejado de nadar con los tiburones.

3. Mantente alerta a lo que ocurre a tu alrededor.

4. A la hora de negociar, tienes que saber lo que vales y estar dispuesta a dejarlo todo.

5. Los cambios son difíciles, pero indispensables. De ellos es que surgen los aprendizajes más importantes de nuestras vidas.

9

La ambición no es una mala palabra

L a palabra "ambición", cuando se relaciona con una mujer, parece ser el equivalente de una mala palabra, pero si se usa para describir a un hombre, es lo que se espera de un joven que desea ser exitoso en la vida. Pongámoslo en contexto. Si tú escuchas a alguien decir que un hombre es ambicioso, ¿qué piensas? Seguramente lo primero que se te cruza por la mente es que sabe lo que quiere y va a llegar lejos porque tiene claro cuál es el camino que debe atravesar para ser exitoso. Ahora bien, probemos de nuevo: ¿qué piensas o sientes cuando te dicen que tal o cual mujer es ambiciosa? Seamos honestos. A muchos se les debe haber pasado por la mente la idea de una leona que come a quien se le cruce en el camino con tal de lograr lo que se proponga. Y por esta razón, muchas mujeres le huyen a ese adjetivo: ambiciosa. ¿Cómo puede ser que una sola palabra tenga connotaciones tan diferentes cuando se usa para describir a un hombre o a una mujer? ¿No te parece que debería significar lo mismo, sin importar el género de la persona? ¿Acaso no somos todos seres humanos?

La sociedad y nuestras familias nos han impuesto una reacción ante la frase "una mujer ambiciosa" en la que sentimos que eso no es necesariamente algo bueno. Por eso muchas mujeres poderosas, cuando les preguntan si son ambiciosas, hacen lo posible para esquivar esa palabra y redefinir esas ganas de triunfar que les brota desde adentro. Pero no nos engañemos. Ese sentimiento, ese deseo ardiente de ser exitosa en lo que haces, es pura y exclusiva *ambición*, ¡y no tiene nada de malo!

La ambición profesional no mata al hombre, ni tampoco a la mujer. Es algo que nos motiva a conseguir lo que deseamos, a cumplir nuestros sueños. No hay que huirle a ese término, debes aceptarlo y sentirte orgullosa de que hoy en día estás en todo tu derecho de ser ambiciosa y tienes los caminos abiertos para lograr lo que te propongas. Debemos celebrar a las mujeres ambiciosas, no castigarlas. Yo tuve la suerte de ver a mis mejores amigos, Gloria y Emilio Estefan, triunfar en grande. Cuando los conocí, en sus comienzos, vivían en una casa modesta y no tenían dinero. Y vi lo que les pasó, lo duro que trabajaron, el éxito que tuvieron, y los apoyé y me alegré por ellos. Y un buen día le dije a Marcos: "¿Tú sabes qué? Ahora me toca a mí". Gloria y Emilio me inspiraron, y decidí no mirar para los lados, ni mirar para atrás. Ahora era mi turno.

> *Debemos celebrar a las mujeres ambiciosas, no castigarlas.*

Me llamo Cristina Saralegui y soy una mujer ambiciosa

No tengo ningún problema en decirte que soy ambiciosa. Y sé que sin esa ambición, no hubiese llegado a ser lo que soy hoy.

Es más, me di cuenta temprano de que ser ambiciosa no es algo malo para una mujer, aunque la sociedad en la que nos desarrollamos así como nuestras familias intenten hacernos creer lo contrario.

¡Infórmate!

Según una encuesta del Pew Research Center, en 2012 66% de mujeres de entre dieciocho y treinta y cuatro años dicen que una carrera bien remunerada es "una de las cosas más importantes" o "muy importantes" en sus vidas, en comparación a 59% de los hombres.

Yo tenía grandes y lindas ambiciones de joven. Mi deseo era tener una vida grande —bien grande—, viajar y conocer el mundo, aprender, cambiarle la vida a la gente. Creo que este deseo y estas ambiciones vienen de mi papá y de mi abuelo. Ellos fueron mi inspiración. Al observar sus vidas, en especial la de mi abuelo, supe que eso era lo que quería para mí. Pero el ser de extracción vasca no me hizo el camino fácil porque en la familia vasca, si tú eres mujer, es como si no existieras, eres invisible. Esa palabra, esa sensación, me atormentaba. No era que yo quisiera ser importante o famosa, lo que deseaba —mi ambición— era no ser *invisible*. Y esa invisibilidad por ser mujer la sentía hasta en el más mínimo detalle. Por ejemplo, todos los hombres de mi familia se llaman Francisco —uno de mis hermanos, Patxi (que quiere decir Francisco en vasco); su hijo, Frankie; mi padre, Francisco; mi abuelo, Francisco— pero yo no fui parte de esa tradición por ser niña. Y eso me hacía sentir... invisible.

Pero no dejé que esa invisibilidad me controlara. De ninguna manera. Tuve que luchar mucho para que me oyeran dentro de mi familia, para que me escucharan, para que me apoyaran. Cuando empecé mi primer programa televisivo, un tío no tuvo nada mejor que decir que: "La osadía de la ignorancia". Nadie me apoyaba, así que me tuve que apoyar solita. Pero no dejé que eso me desanimara; mi ambición pudo más, y así fue como logré cumplir mis sueños de tener la vida que yo deseaba. Luego conocí a la pareja con quien pude compartir estos sueños a lo grande: en Marcos encontré a la persona que me apoya incondicionalmente en todo y contra todo —y su ambición incluye ser ambicioso por mí—. Entonces, ¿por qué voy a esconder el hecho de que soy una persona ambiciosa? Al contrario, no sólo no lo quiero esconder, sino que lo quiero celebrar. Y quiero que tú también te animes a hacerlo. Ser ambiciosa no tiene *nada* de malo.

El poder de la ambición

Te repito: la ambición es positiva. No es necesario ser humilde con tus metas, al contrario, no tengas miedo de expresar hacia dónde quieres llegar. Es decir, no temas mostrar tu lado ambicioso. Y si te preguntan si tienes ambiciones o si te consideras ambiciosa, no contestes con las palabras humildes que los demás esperan escuchar de ti. Tienes que aprender a hablar con propiedad, con ambición, con confianza. Ponte firme y enfócate en tus metas. Recuerda: ser fuerte y

> *La definición del poder, para mí, es que tú puedas hacer con tu vida lo que tú quieras.*

tener poder no es malo. La definición del poder, para mí, es que tú puedas hacer con tu vida lo que tú quieras. Ojo, esto ciertamente no implica hacer lo que tú quieras con la vida de los demás, es hacer lo que quieras hacer con *tu vida*. Podemos hacer todos, hombres y mujeres, con nuestras vidas lo que nosotros deseemos.

Este concepto en mi vida lo apliqué al siempre asegurarme de tener completo poder creativo sobre mi programa en la televisión, sobre mis revistas y sobre lo que se me diera por hacer con mi carrera. A menudo le digo a mi hija Titi, que es banquera, que si algo no está funcionando, tiene que aprender a "darle la vuelta". Esa frase es muy cubana y significa salirte con la tuya, buscar una solución creativa al problema sin buscarte enemigos; y es un gran consejo. A mí no me interesaba que un jefe me dijera todos los temas que tenía que cubrir en las revistas. Cuando me mandaban a entrevistar a alguien o cubrir un tema al que yo no le veía el interés, después de un rato, aprendía a "darle la vuelta" al jefe y hacerlo a mi manera sin generar problemas.

¡Infórmate!

Los años sesenta cambiaron el curso de la historia para las mujeres en Estados Unidos. En esa década se desarrolló la famosa revolución sexual, entraron más mujeres que nunca en la fuerza laboral, surgieron movimientos para conseguir igualdad salarial y apareció la píldora anticonceptiva, la cual permitió que el 80% de las mujeres en edad reproductiva pudieran evitar embarazos no deseados porque la tomaban, y así tener más libertad para hacer con sus vidas personales lo que quisieran.

Hoy en día las mujeres se pueden dar el lujo de hacer lo que les da la gana porque existen todas las mujeres de mi época que abrieron la puerta para poder ambicionar tener una carrera. Si esto no hubiera ocurrido, ahora seguirían todas en sus casas, cocinando pasteles para sus familias, aunque detesten la cocina. A lo que yo aspiro para las mujeres es que si, por ejemplo, a algunas de ustedes les apasiona cocinar, y hacen unas tortas increíbles, abiertamente enfoquen sus ambiciones en estar en todos los mercados de Estados Unidos con sus tortas, y en volverse famosas y ganar buena plata.

Si descubres que eres muy buena haciendo algo en particular, ahí es donde entra la ambición. Buscar ser la mejor en lo que haces es esencial para triunfar en la vida. Por ejemplo, cuando el huracán Andrew arrasó Miami y dejó a la ciudad sin electricidad, Edda —una amiga que hace unas tortas fabulosas—, para que no se le echaran a perder las tortas, agarró y las picó, las metió en un horno de gas y tostó los pedazos. Así nacieron sus bizcochos únicos y maravillosos, que luego se transformaron en un negocio súper exitoso. ¡Y eso se le ocurrió en el medio de un huracán! Como establecimos en el capítulo 2, nunca sabes por dónde se te puede presentar una pasión o vocación nueva. Debes mantener los ojos abiertos y estar atenta a lo que tienes a tu alrededor. Y luego, debes tomar acción, aplicar la ambición en esa vocación y llevarla lo más lejos posible.

> *Buscar ser la mejor en lo que haces es esencial para triunfar en la vida.*

Redefinir la ambición para una mujer

Para lograr transformar tu pasión en una carrera exitosa, para que puedas romper con esa connotación negativa que carga la palabra "ambición" cuando se refiere a una mujer, quiero que sigas incorporando su verdadera definición: no ser invisible, ser económicamente independiente y hacer de tu vida lo que te dé la gana y no lo que otros deseen para ti. La ambición es positiva, refleja tus sueños por cumplir, significa que quieres que te vaya bien, que quieres que te reconozcan por lo que haces. No tengas miedo de ser ambiciosa y de expresarlo. Tú te mereces lo que tú quieras tener.

Para empezar:

1. Desmitifica la palabra "ambición": no es negativa, es positiva.
2. Olvídate del qué dirán: no importa lo que digan los demás, enfócate en lo que tú quieres lograr con tu ambición.
3. Pon esta palabra, este atributo, a trabajar a tu favor: con la ambición puedes cumplir tus metas más grandes.

El reto profesional más grande que tuve que enfrentar fue la televisión. Cuando llegué a la televisión, nunca antes había trabajado en este medio, no sabía qué esperar y aprendí a los golpes. El piloto de *El Show de Cristina*, el primer programa que grabamos para este show, se hizo en un comedor de una iglesia. Yo soy muy tímida y me acuerdo que estaba tan asustada que cuando me dieron el micrófono, tenía las manos empapadas en sudor. Mientras transcurría la grabación, me sudaba tanto la mano con la que tenía agarrado el micrófono que pensaba que me iba a electrocutar. Tenía ataques de pánico tan grandes, que los primeros años de *El Show de Cristina* se los debo al ansiolítico Xanax. Pero no iba a permitir que mi miedo ganara porque el miedo no está en nada. Y lo que me hacía continuar adelante entre tanto pánico y miedo era la *ambición*, las ganas de triunfar.

A los hombres no les preocupa que les digan que son ambiciosos, al contrario, es un gran cumplido. Así debe ser para las mujeres también. No sientas vergüenza ni timidez por expresar que tú también quieres triunfar y ser exitosa en lo que te propongas. La ambición te motiva a ser la mejor en lo que haces, y eso a su vez te ayuda a cumplir metas y sueños. Entonces, ¿por qué no celebrar estas ganas de triunfar en vez de esconderlas por miedo a que te juzguen?

Eso de que las mujeres no son tan ambiciosas como los hombres es mentira. ¿Acaso una mujer en el campo político no desea alcanzar lo mismo que un hombre?, ¿o una música no desea la misma fama y reconocimiento que sus colegas masculinos? Pues, amigas, ¡eso es ambición! Ahí está esa palabrita, presente en todo lo que hacemos. Y ha existido durante siglos. Toma como ejemplo a la reina egipcia que logró ser faraón, Hatshepsut. Nieta, hija y esposa de faraones, su ambición y orgullo la llevaron a reclamar el trono que le pertenecía. Para ella, ser reina no era suficiente, lo que ambicionaba era ser reina-faraón. Y lo logró. Gobernó como reina-faraón durante veintidós años. Hatshepsut es la reina-faraón que más tiempo estuvo en el trono. Sin ambición, no habría logrado hacer historia de esa manera.

Eso sí, para gobernar decidió ponerse la barba de los faraones. Es decir, sintió la necesidad de convertirse en un "macho" para ocupar un escaño como ese. Hoy en día, afortunadamente, ella no tendría que hacer eso. Sin embargo, hay que decir que a través de los años he visto a mujeres hacer eso mismo. Han perdido completamente su feminidad. Eso no es necesario ya. Y este es un punto importante al reclamar o redefinir la ambición para la mujer. Al igual que te he dicho que ser ambicioso es bueno, que los hombres y las mujeres tienen el derecho de ser ambiciosos y ser *vistos* equitativamente, esto no quiere decir que se tienen que *vestir* igual. No te tienes que poner un saco y una corbata y dejar de maquillarte para que te tomen más en serio y para que no se burlen de tus ambiciones. Tienes que seguir siendo tú. La clave está en tu autoestima, no en tu ropa. Para ser exitosa debes confiar en ti misma y saber lo que vales (ve el capítulo 10: "Descubre tu valor y pide lo que mereces"). Todos tenemos derecho a ser ambiciosos y luchar por lo que deseamos.

La solidaridad le gana a la envidia

La solidaridad es clave para terminar con esta noción de que una mujer ambiciosa no es algo positivo. Si todos unimos fuerzas y nos ayudamos los unos a los otros, hombres y mujeres, si nos apoyamos, si dejamos la envidia a un lado y nos alegramos por los logros de las otras mujeres luchando por lo que quieren, esta es otra manera de romper este mito de que la ambición es mala cuando de mujeres se trata. Lamentablemente, esta solidaridad, este apoyo entre las mujeres, sigue siendo muy débil.

La ambición no debe matar la solidaridad y generosidad. Eso está en ti y en cómo decides lograr y mantener tu éxito. Ser ambiciosa no significa dejar a un lado a tus colegas, tus amigos y tu familia. Al revés, debes también ser solidario con los que te rodean para realmente triunfar en la vida.

Una vez fuimos con *El Show de Cristina* a grabar un programa en Chicago. Íbamos a alquilarle el estudio a Oprah Winfrey, pero nos dimos cuenta de que necesitábamos un espacio más grande. Lo que ocurría era que cuando grabábamos fuera de Miami, llegaban miles de personas a vernos. De todas formas, Oprah fue muy generosa. Estando allá, un día fui a una de sus grabaciones, y esa mujer le dijo al público: "Esta mujer dice ser la Oprah latina, pero eso no es verdad. Yo soy la Cristina negra". Casi me orino en el asiento. Eso es un ejemplo de la solidaridad que debe existir entre las mujeres en el mundo profesional y en la vida. Hay que aprender a ser generoso con lo que sabes, con tus contactos, con lo que tienes.

Una de las cosas que más me choca de algunos hombres que conozco en el mundo de los negocios es que no te dan ni un contacto para ayudarte. Esto coincide también con muchos periodistas que he conocido a través de los años. Un periodista te presta su máquina de escribir, pero no te va a dar sus contactos, ni llama a nadie de tu parte. Yo sí lo hago. ¿Sabes por qué? Porque la generosidad es la clave para una carrera larga. Toda la gente que he ayudado en mi carrera, que he puesto en posiciones importantes, todos siguen volviendo. Es parte del karma, todo lo que echas al universo, vuelve, tanto lo bueno como lo malo.

> *La generosidad es la clave para una carrera larga.*

A su vez, tampoco hay que pasar por bobo. Debes tener una antena para detectar a las personas que no sirven para nada, las chupacabras, las que se adhieren a ti y te quitan la energía porque las carcome la envidia. No es sólo que quieren lo que tú tienes, sino que no quieren que tú lo tengas. Esto nunca lo comprendí. ¡Si en el mundo hay suficiente para todos! Sin embargo, todos llegamos a sentir envidia en algún momento de nuestras vidas, pero uno debe deshacerse de ella enseguida. La envidia es el cáncer del espíritu; debemos cortarla de nuestras vidas y nunca permitir que se vuelva a reproducir. Es el sentimiento más negativo que podemos tener y, como tal, hay que rechazarlo y nunca dejarlo entrar. Una vez que te hayas quitado esa sensación de encima, mira a tu alrededor y apoya a tus colegas.

La solidaridad entre las mujeres profesionales es casi nula, y eso es un problema. Mientras era directora de la revista *Cosmopolitan en Español* también dirigía veintiséis publicaciones especiales en la empresa, por las que me pagaban aparte. Esto representaba un tercio de mi sueldo. Resulta que cuando regresé de mi baja por maternidad, después de dar a luz a Jon Marcos, sólo me quedaban seis de esos veintiséis proyectos porque otra directora, una colega y supuesta amiga, me había quitado las demás.

Los hombres sí se apoyan entre ellos. Son amigos, todos juegan golf con el jefe. Pero las mujeres no nos confiamos las unas a las otra.

A través de mi carrera, he sentido solidaridad y apoyo de muy pocas colegas, y he visto lo necesario que es unir fuerzas en vez de ir cada una por su cuenta. La periodista y presentadora María Celeste Arrarás es una de mis colegas que sí sabe lo que es la solidaridad. A ella no se le caen los anillos por trabajar: llegó a ser productora ejecutiva de su show, y haciéndolo todo, hasta

DE ESO NO SE HABLA

Nuestras madres y abuelas no sólo auspician ese derecho que sienten los hombres de ser los reyes de la casa, sino que nos crían a las mujeres pensando que las demás nos van a levantar los novios o quitar los maridos. ¿No me crees? Piénsalo bien. Cuando hay una mujer que se acaba de divorciar, todo el mundo le zafa el cuerpo. Nadie quiere estar con ella, por si acaso, porque está sola y no es parte de una pareja y eso significa peligro. Aprendemos a ser desconfiadas entre nosotras, y eso mata una posible solidaridad más adelante en nuestras vidas.

llamaba personalmente a los invitados para que vinieran al show, algo que generalmente hacen los productores. Pero aparte de su ética de trabajo, es una de las pocas personas que me ha hablado directamente con la verdad. Ha sido solidaria desde que la conozco y durante todo el tiempo que hemos compartido juntas tanto en Univision como en Telemundo, y eso se lo agradeceré siempre. Ella fue la que me hizo la primera entrevista cuando cambié de cadena y fue la única que me advirtió que en Telemundo me costaría un trabajo inmenso conseguir celebridades para mi nuevo programa, cosa que le había ocurrido a ella.

Ahora bien, ella es un gran ejemplo, pero no debería ser la excepción a la regla. Al contrario, ejemplos como el de ella deberían abundar, y está en todas ustedes bajar la guardia, confiar las unas en las otras y ayudarse mutuamente. No alimentes esa imagen de la ambición negativa. No te olvides del prójimo en el camino de la ambición. Sé solidaria con los demás y rodéate de un buen equipo de personas. Así conseguirás llegar aún más lejos.

La ambición no te debe cegar

Es recomendable encontrar un buen equipo de trabajo o personas que te apoyen para salir adelante. Y, al igual que es importante que estés atenta a las oportunidades que se te presentan, también debes estar atenta a los consejos que te brinda esta gente que quiere lo mejor para ti. No dejes que la ambición te ciegue. Así como es importante confiar y ser solidaria con los demás, también es clave escuchar lo que te dicen.

En mi equipo de trabajo, si hay algo que dicen que debería hacer y yo no quiero hacer, no lo hago. No dudo en decir que no. Es esencial aprender a decir que no porque si no, se te trepan todos encima y hacen lo que a ellos les da la gana. La mayoría de las veces, cuando me sugieren algo, mi primera respuesta es "No". Pero si veo que tiene sentido lo que me están explicando, si los puntos que me presentan son válidos, lo pienso y estoy abierta a cambiar de opinión. Si veo que en realidad vale la pena probarlo, lo pruebo.

Es importante aprender a decir que no, pero es igual de importante saber escuchar. Si te permites escuchar lo que tienen que decir otros miembros de tu equipo, eso puede llevar a discusiones y diálogos que dan pie a buenas ideas. A veces se llevan a cabo, a veces no, pero es clave respetar las opiniones diferentes de cada uno. Saber escuchar y aprender de lo que te puede ofrecer otra persona —una nueva perspectiva, otra manera de ver algo, su experiencia—, todo eso combinado con tu ambi-

> *Es importante aprender a decir que no, pero es igual de importante saber escuchar.*

ción, te puede servir para adelantar tu carrera y tu vida. No lo desperdicies.

La evolución de la ambición en tu vida

Existen diferentes tamaños de ambiciones. Está en ti ver de qué tamaño es tu ambición y cuál es. Esto puede ir cambiando a medida que vayas madurando. Muchas mujeres quieren poder hacer todo. Perfecto. Quieren poder hacer la casa perfecta, cocinar mejor que nadie en el barrio, limpiar y dejar todo impecable, criar a los niños perfectos y, además, tener una carrera. ¡Pues están muertas! Y aquí les comparto un secreto esencial para triunfar: se puede hacer todo, pero no al mismo tiempo. Este concepto lo exploraremos más a fondo en el capítulo 14: "Tu familia y tu carrera pueden convivir", pero a lo que voy aquí es a que no puedes tener la ambición de ser la mejor en todo a la vez. Por eso existen diferentes tamaños de ambiciones, y el tiempo ideal para cada una.

Se puede hacer todo, pero no al mismo tiempo.

Hoy en día, muchas profesionales se autoimponen unas exigencias desmedidas de acuerdo a la edad que tienen. Algunas se preguntan: "Tengo treinta años, ¿que he logrado en estos treinta años en comparación con mis colegas o las personas que admiro?". Vaya, Alejandro Magno murió a los treinta y dos años, pero eran otros tiempos. No hagas eso, no compares tu edad con lo que has alcanzado porque no se trata de eso. Cada cual tiene su camino, algunas lograrán cosas de más jóvenes y otras alcanzarán sus sueños de más grandes. Lo importante es mantenerte enfocada en lo que deseas y seguir caminando pa'lante hacia tus metas.

Los jóvenes a veces tienen una ambición desmedida, que es lo que los impulsa hacia adelante, pero con el pasar del tiempo, es importante profundizar en lo que deseas, en cómo te ves en el futuro, en lo que realmente te haría feliz, y ajustar las metas de acuerdo a esos cambios que se producen con la edad. La ambición y el trabajo, hoy en día, ya no son tan importantes en mi vida porque ya alcancé mis metas más grandes. Así que, habiendo sido una persona tan ambiciosa, la vida me ha enseñado que la ambición, con el tiempo y la experiencia y los logros, disminuye y lo que queda es el propósito que tienes en tu vida. Nunca debes perder el propósito detrás de tu ambición. El cambio de las ambiciones viene de la mano con el cambio de metas, pero para lograr lo que te propones primero debes tener claro hacia dónde te diriges. Sin metas no hay camino para que se te cumplan los sueños. Si esto todavía no te ha quedado claro, vuelve al capítulo 3, el cual te ayudará a crear el mapa de tus metas y sueños para llegar al destino deseado.

PONLO EN PRÁCTICA Y APLÍCALO A TU VIDA

1. Quítale la connotación negativa a la palabra "ambición".
2. Aprende a expresar abiertamente tus ambiciones y cuán lejos quieres llegar. Recuerda que tú puedes hacer con tu vida lo que *tú* quieras.
3. Intenta ser la mejor en lo que haces.
4. Sé solidaria con tus colegas, tanto mujeres como hombres. Uniendo fuerzas, se logra más.
5. Asegúrate de que tu ambición tenga un propósito más grande que simplemente ganar dinero.

10

Descubre tu valor y pide lo que mereces

En la vida te encontrarás con muchas situaciones en las que deberás negociar algo, desde cosas pequeñas a cosas enormes, como tu salario, la compra de una casa o quién va a llevar a los niños a la práctica de fútbol. Para poder negociar bien, para aprender a pedir lo que mereces, para saber demandar lo que te corresponde, primero tienes que saber lo que vales.

Sin embargo, para lograr este conocimiento, para saber lo que realmente vales, hay un paso crucial: tienes que tener una autoestima alta y confiar en ti misma. Sin confianza y autoestima, aunque sepas lo que vales monetariamente, no tendrás la seguridad para pedir lo que te corresponde.

Estuve veinte años trabajando en revistas antes de continuar con otros veintidós años en televisión. Antes de pasar a la televisión, recuerdo que Marcos me decía: "Chica, ya tú estás tan cómoda en la editorial, ¿por qué no te retas a algo más? ¡Vamos para la televisión, vamos, vamos!". Y yo pensaba que estaba loco. Él lo que quería era impulsarme a hacer algo nuevo, algo que me retara a aprender algo nuevo, escribir un libro, hacer televisión, cualquier cosa que ya no fuera el negocio de las revistas, en donde estaba tan cómoda. Acepté el reto y salté a la televisión, y el resto es historia. Sin embargo, una de las razones por las que pude dar ese salto es que sabía lo que valía, tenía confianza en mí misma, y por más que los cambios no me gustan, estaba consciente de que Marcos tenía razón. Necesitaba retarme para seguir avanzando en mi carrera y aprendiendo cosas nuevas. Ahora te reto yo a ti. Descubre tu valor como persona y como profesional y encuentra la confianza en ti misma para pedir lo que mereces, ¡siempre!

Descubre tu valor

Ya hemos establecido que para descubrir tu valor primero tienes que asegurarte de que tienes bien tu autoestima y tu confianza en ti misma. ¿Por qué? Pues porque si no confías en ti misma y no sabes lo que vales, se te va a hacer muy difícil convencer a los demás de tu valor, sea en una empresa, en tu familia o entre amigos. Para descubrir cuánto vales, debes comenzar por saber lo que vales como persona.

¡Infórmate!

Una encuesta del Dove Self-Esteem Fund revela que siete de cada diez niñas creen que no son lo suficientemente buenas o de alguna manera no dan la talla, incluyendo su apariencia, su desempeño escolar y sus relaciones con amigos y familiares. Esto tiene que cambiar. Tenemos que saber lo que valemos para servirle de ejemplo a nuestros hijos y fomentarles la confianza en sí mismos.

Tu autoestima

Si tu autoestima es baja es muy probable que sientas ansiedad, depresión y una sensación general de insatisfacción contigo misma. Una baja autoestima también puede afectar tus relaciones con otras personas. Al no valorarte como te mereces, lo más probable es que no puedas defenderte ni pedir lo que te corresponde en situaciones tanto personales como profesionales. Tu autoestima afecta todas las áreas de tu vida y se puede volver un círculo vicioso. Si no te valoras, esto te puede causar ansiedad o tristeza, lo cual puede afectar tus relaciones laborales y personales, lo cual significa que no te sentirás motivada para ir al trabajo o salir con amigos, y este comportamiento lo único que hace es alimentar tu baja autoestima. Tú eres la que tiene el poder para cortar este círculo interminable y buscar un camino más positivo. Empieza con estos tres pasos:

1. *Acéptate como eres.* Todos tenemos cosas buenas y malas, pero si te concentras en sólo lo malo, estarás alimentando un lado muy negativo que se puede apoderar de tu vida. Sacúdete ese negativismo, deja de autocriticarte y concéntrate en lo positivo. Fíjate en todo lo bueno que tienes por dentro y que puedes compartir con los demás. Haz una lista de tus puntos fuertes, tus logros y lo que admiras en ti. Enfócate en lo bueno y ten muy presente que los puntos débiles que tienes se pueden trabajar y mejorar. Todo tiene solución y *nadie es perfecto.* ¿Te queda claro? Nadie —ninguno de los seres humanos que habitamos este planeta— es perfecto.
2. *No te compares con los demás.* Tú eres única, no pretendas ser igual que otra persona. Puedes admirar a otra

persona, alguien te puede inspirar y motivar, pero evita las comparaciones. Esta es tu vida y tienes que trazar el camino para hacer con ella lo que tú quieras.

3. *Busca hacer lo que te apasiona.* Si dedicas tu energía a hacer lo que te apasiona, no te quedará tanto tiempo para la negatividad. Al contrario, te encontrarás inspirada, motivada y con más ganas de seguir adelante. Enfócate en tus metas y trabaja para aprender y superarte. Una vez que estés bien contigo misma, verás que te nacerá ser más firme en cuanto a tus decisiones porque estarás más segura de lo que vales.

Confianza en ti misma

Aunque la autoestima y la confianza en ti misma parecen dos conceptos similares, tienen una diferencia clave: la autoestima refleja cómo te sientes contigo misma, mientras que la confianza en ti misma tiene más que ver con cómo te sientes con respecto a tus habilidades, y eso puede variar. Quizás tengas una autoestima alta, pero no te sientas muy segura cocinando. Si eres chef en un restaurante, de nada te va a servir no sentir confianza en ti misma cuando de cocinar se trata. Si en el fondo sabes que eres buena, por ejemplo, cocinando, entonces pregúntate porque tienes esa inseguridad.

Una herramienta básica para tener más confianza en ti misma es llegar al origen de la inseguridad. Hazte las preguntas necesarias para comprender de dónde surgen estos miedos y enfrenta tus inseguridades. Anótalas, analízalas, habla de estas con tus seres queridos, busca apoyo. Hagas lo que hagas, no dejes que te paralicen. Subir tanto tu autoestima como tu confianza en ti misma no es fácil, pero es posible. No te des por vencida. Al igual que con la autoestima, anota todos tus logros, todo lo que sabes que haces bien y permítete sentirte bien por tus resultados positivos. Acá no vale la humildad. Piensa en tus habilidades, en lo que eres buena haciendo. Esto te ayudará a descubrir lo que vales. Si tú eres la única que puede hacer algo en específico en tu oficina o en tu familia, eso tiene un valor único y diferente a lo de la persona a tu lado. Aprovéchalo.

Cuando te sientas más segura de ti misma, otro gran secreto para triunfar es siempre ser tú misma. Sé auténtica. Si te vuelves un producto de los demás, si te dejas guiar por el deseo de la fama y de tenerlo todo, te vas a perder en el camino y es muy probable que lo que alcances no te haga feliz. Debes ser fiel contigo misma.

La razón por la que necesitas confiar en ti misma es para pedir lo que te mereces y no dudar de ti a la hora de tomar decisiones importantes. Mis empleados me respetaban y me tenían pánico. Una vez mi productor ejecutivo, que todavía es muy amigo, me dijo: "No puedes ser así, tienes que tener una política de puerta abierta. Tu gente te tiene miedo". Y le contesté: "Oye, yo trabajo muy duro para que me tengan miedo. Porque yo no quiero que me quieran, lo que quiero es que me respeten".

Lo más importante en el trabajo es el respeto, y en periodismo es la credibilidad. El día que pierdes tu credibilidad, no eres nada. En realidad, esto se puede aplicar a todas las carreras: al perder credibilidad, pierdes respeto y tu valor disminuye. Pero para tener credibilidad, además de ser una persona honesta y responsable, tienes que tener confianza en ti misma. Si tú no crees en ti, los demás tampoco lo harán. Yo sabía que esto era importante, que esto valía mucho, y al confiar en mí misma, logré que me respetaran los demás. La confianza en ti es esencial. Habrán miles de personas que te cuestionarán a través de la vida y, aunque es importante mantener una mente abierta y poder reconocer cuando uno está equivocado, es igual de importante tener la confianza en ti misma para apoyar tus acciones y no tener que rendirle cuentas a nadie.

> *Si tú no crees en ti, los demás tampoco lo harán.*

Cuando empezamos a hacer Casa Cristina, cada vez que firmábamos un contrato nuevo para diseñar muebles, toallas o sábanas, tenía que reunirme con los ejecutivos para explicarles lo que éramos los latinos y los gustos que teníamos. Era como una escuelita. La última vez que me pasó, fue con la campaña del presidente Obama. Ahí me di cuenta de lo poco que saben los demás sobre lo que es un mexicano, lo que es un chileno, lo que es un guatemalteco o lo que es un dominicano. Tuve que explicarles qué somos y por qué somos como somos. Siguen sabiendo muy poco sobre lo que nos motiva como comunidad. En ambas ocasiones, así como en tantas otras, tuve que explicarles nuestro valor como hispanos. Por ende, no sólo debes saber lo que vales como persona individual, sino también como parte de tu comunidad. Debemos confiar en nosotros mismos como personas y como comunidad y echar pa'lante juntos.

Pide lo que te mereces

Vence tus miedos y pide lo que te mereces, no sólo en el trabajo, sino en la vida. Estoy dispuesta a ceder, pero hay un límite que es las cosas que yo siento que me definen o definen mi cultura. En la vida hay que ser bocona, hay que decir lo que uno quiere, hay que pedir. Niño que no llora, no mama.

DE ESO NO SE HABLA

Si sabes lo que vales, te podrás dar cuenta de si estás en un matrimonio o una pareja donde te saben valorar, y si no lo estás, tendrás la fuerza para dejar esa situación y negociar una etapa mejor para tu vida. Si sabes lo que vales, podrás decir que no a situaciones que no te convienen, podrás pararte en tus dos pies y reconocer tus virtudes así como tus limitaciones. Saber lo que vales es comprender también los límites que tienes, sin permitir que estos te definan. A mí no me gusta cocinar, por ende no soy buena en la cocina. Lo tengo clarísimo y no me afecta en lo más mínimo. Tú tienes que hacer lo mismo. Crea la confianza suficiente en ti misma para no sólo saber todo lo que aportas en un trabajo y una relación, sino también para ver claramente cuáles son tus límites; así lograrás valorarte y utilizar tus virtudes a tu favor.

Cuando fuimos a negociar el primer contrato con Univision, le pregunté a mi abogado David Bercuson —a quien Marcos conocía de cuando era músico con Miami Sound Machine—: "¿Qué es lo que quiere decir *talent?*". Y me explicó que *talent* (o talento) es la persona que está en frente de la cámara. Entonces yo le dije: "Yo quiero que me pongan *journalist*". Le pedí que peinara el contrato y le quitara la palabra "talento" y la reemplazara con "periodista". Sabía lo que valía. Al ser periodista, puedes ser el talento, puedes ser el productor, pero no te limita a ser sólo una cosa. Enseguida me di cuenta de que con el talento frente a la cámara, todo el mundo habla de ti, enfrente tuyo, como si no estuvieras. "Muévemela pa'acá". "Hazle esto". "Quítale las arrugas con la luz". Eres invisible. Yo tenía claro que yo no era *el talento*. Era mucho más que eso. Así fue que le pregunté al presidente de Univision de aquel entonces, Joaquín Blaya, "¿Qué es lo que es un productor ejecutivo?". Y cuando me explicó que equivalía a ser el jefe, le dije: "Bueno, entonces yo soy la productora ejecutiva". Para ponerlo en contexto, yo venía de una revista donde manejaba varios departamentos y no estaba para ser el monito de nadie.

Otra cosa extrañísima que me pasó al negociar ese primer contrato es que me dijeron que tenía que perder mi acento cubano. Y les dije que no, Julio Iglesias tiene un acento español, Don Francisco tiene un acento chileno, los mexicanos hablan con acento mexicano. Pero me dijeron que al acento tropical la gente lo equivale a la falta de educación. Entonces le contesté: "Pues que se acostumbren porque yo no lo voy a cambiar. Y si de eso depende que me des este puesto, no lo quiero". Nunca pierdas de vista quién eres. Tienes que estar segura de ti misma y tenerte confianza para poder estar bien parada en situaciones como esta y pedir lo que te mereces.

> *Nunca pierdas de vista quién eres.*

Cómo pedir un aumento salarial

Una de las preguntas que más recibimos Marcos y yo es de mujeres pidiendo consejos sobre cómo pedir un aumento de sueldo. Se sienten inseguras, no saben por dónde empezar. El problema principal es que las mujeres pedimos un aumento explicando para qué lo necesitamos ("Acabo de tener un hijo"; "Mi marido se quedó sin trabajo") en vez de explicar por qué lo merecemos.

Tienes que pedir el aumento basándote en tus méritos, no en tus necesidades y emociones. Y para hacer esto, tienes que aprender cuánto vales. La mayoría de las mujeres no saben qué porcentaje del dinero de la compañía aportan con su trabajo. Debes mantenerte informada de lo que tu trabajo arduo le rinde a la compañía. Investiga la compañía y busca la manera de encontrar la información que te pueda ayudar a saber cuánto vales dentro de ese lugar, así puedes pedir lo que te mereces.

Tanto en mis años en revistas como en televisión, muchas veces me he encontrado en situaciones en las que mis jefes me han dicho que mi revista no circula o que mi programa no tiene rating, pero como había hecho mi tarea y estaba bien informada de todo lo que yo hacía en estas compañías, podía refutarles estos reclamos con números concretos, al igual que lo haría un hombre. Informarte por tu cuenta es una gran herramienta cuando de negociar y hacerte respetar se trata.

Pero no sólo se trata de números. Aparte de investigar el mercado y saber lo que aportas en la compañía monetariamente, también es importante saber cómo te destacas de los demás. ¿Qué es lo que te hace especial para esa compañía? ¿Es algo que podrías hacer en otra empresa? Si fuese este el caso, ¿te pagarían más en otro lugar? Para pedir un aumento, tienes que saber lo que aportas a la empresa, así podrás negociar algo a tu favor.

El otro gran secreto para pedir un aumento o negociar un contrato nuevo es que tienes que estar dispuesta a dejarlo todo. Muchas de las periodistas de Univision acudían a Marcos para pedirle consejos sobre cómo negociar sus contratos. Un buen día, a una de ellas, Marcos le dijo: "Bueno, si no te dan lo que tú quieres, tienes que estar dispuesta a irte, así que díselo". Al escuchar esto reaccionó como con un ataque de pánico: "¿Cómo voy a decir eso?". Y no lo hizo. Todavía es periodista, pero si no se anima a tomar ese riesgo, nunca va a ganar el sueldo que se merece.

> *Tienes que estar dispuesta a dejarlo todo.*

Si vas a pedir un aumento o negociar un contrato nuevo, tienes que estar dispuesto a irte si no te lo dan, si no nunca vas a tener el poder para negociar lo que te corresponde. Además, al negociar como lo haría un hombre, a base de méritos y dispuesto a dejarlo todo, demuestras que sabes lo que vales y que te aprecias a ti misma, lo cual hará que te respeten y aprecien más en la compañía.

Cuando comencé en la televisión, me asignaron un productor ejecutivo estadounidense que no me estaba dando el control creativo que yo había negociado en mi contrato. Un día, mientras me reunía con los anunciantes del programa en Nueva York, ese muchacho llamó a la abogada de Univision y le dijo que era el productor ejecutivo de este show, que estaba haciendo su presupuesto y que necesitaba saber cuánto iba a ganar yo para poder meter esa suma en su presupuesto. La señora se lo dijo, y a él le dio un ataque porque era treinta veces más de lo que ganaba él. Entonces, llamé a mi amigo Joaquín Blaya, el presidente de Univision, y le dije: "¿Tú sabes qué? No voy a grabar. Así que vas a tener que desilusionar a todos estos anunciantes, porque yo no voy a ir a la grabación". Le expliqué todos los problemas que estaba teniendo con este productor ejecutivo. No entendía por qué me estaba faltando el respeto si todavía ni siquiera nos conocíamos. Y le dije: "No voy a dejar un trabajo donde estoy tan cómoda, después de veinte años, donde me quieren tanto, para meterme a pelear con gente que no sirve. No lo voy a hacer". Estaba dispuesta a dejarlo todo. Finalmente nos reunimos los tres, a pedido mío, y dejamos todo en claro.

Tienes que saber muy bien qué quieres y quién eres para triunfar en la vida. Yo soy periodista así como tremenda mamá y tremenda abuela. No sabré cocinar, pero eso no tiene nada que ver con que yo sea una buena mujer. Hoy en día, yo sé que soy un buen representante del sexo femenino. Y pude llegar a esta conclusión aprendiendo de todos los palos que recibí en el camino. Ten la confianza de pedir lo que te corresponde, ¡porque te lo mereces!

> *Tienes que saber muy bien qué quieres y quién eres para triunfar en la vida.*

Mantente informada y actualizada

Tienes que saber lo que vales a toda hora y en todo lugar, y para eso te tienes que mantener informada y actualizada en tu industria. Revisa frecuentemente los números de la compañía en donde trabajas, ten claro lo que aportas y mantente preparada para explicar tu valor sin previo aviso. Si estás informada, actualizada y preparada, tienes la mitad de la batalla ganada.

Uno nunca sabe lo que nos depara el futuro, créeme. Te puedes quedar sin trabajo de un momento para otro, te pueden ofrecer un puesto u otro trabajo con un salario menor al que te mereces, y si tú no sabes lo que vales y lo que vale tu puesto en otras compañías, tu poder de negociación se irá por la ventana. Además, puedes llegar a perderte la oportunidad de tus sueños. Y como mujer, aunque estamos más a la par con los hombres que nunca antes, seguimos ganando menos en puestos importantes.

¡Infórmate!

El United States Census Bureau indica que en 2012 las mujeres ganaron 77 centavos por cada dólar que ganó un hombre. Entre los hispanos, la diferencia es aún mayor. Las mujeres hispanas ganan 58 centavos por cada dólar que gana un hombre hispano. No te vuelvas una de estas estadísticas. Al mantenerte informada, podrás pedir lo que mereces. Unamos fuerzas e igualemos estos números.

Si tienes todas estas herramientas en tus manos, no sólo podrás pedir lo que mereces, sino que te sentirás más segura, tendrás más confianza y esto se verá reflejado en todo lo que haces. Tú vales oro, no dejes que nunca nadie te haga creer lo contrario.

PONLO EN PRÁCTICA Y APLÍCALO A TU VIDA

1. Para descubrir tu valor, primero tienes que afianzar tu autoestima y tu confianza en ti misma. Si tú no crees en ti, los demás tampoco lo harán.

2. Vence tus miedos y pide lo que mereces, no sólo en el trabajo, sino en la vida. Niño que no llora, no mama.

3. Cuando vayas a pedir un aumento salarial o negociar un contrato, hazlo basándote en tus méritos, no en tus necesidades y emociones.

4. Para poder negociar y pedir lo que te corresponde, tienes que estar dispuesta a dejarlo todo e irte.

5. Mantente informada y actualizada en tu industria y el mundo que te rodea. Así, siempre estarás preparada para lo que te depare el futuro.

11

No hay mal que por bien no venga

En la vida se te van a cerrar muchas puertas y se van a acabar muchos capítulos. Sé que estos momentos de grandes cambios son muy duros. Son golpes fuertes, pero no dejes que te tumben. Búscales el aprendizaje, la salida. Verás que con trabajo, esfuerzo y persistencia, cuando te caigas, también te vas a poder levantar. Tienes que aprender a darle vuelta a la página, a abrir la siguiente puerta, y seguir adelante. Siempre que se cierra una puerta, otra se abre. Está en ti no darte por vencida. Abre los ojos, ponte en acción, busca la siguiente oportunidad y sigue pa'lante.

Cuando se terminó mi show en Univision y se acabó mi contrato, entré en depresión. No sabía qué hacer con mis horas libres. Había trabajado toda mi vida sin parar. Pero en vez de quedarme echada en la cama lamentando lo ocurrido, decidí levantarme y abrir la siguiente puerta que estaba a mi alcance. Quizá lo hice demasiado rápido. Ahora estoy consciente de que uno necesita tomarse un tiempo de duelo después de un momento tan traumático, pero a mí me nació buscarle la vuelta. Así fue que surgió lo de Telemundo.

Telemundo toca a mi puerta

En cuanto se dio a conocer la noticia de la cancelación de *El Show de Cristina* y mi salida de Univision, Telemundo enseguida me hizo una oferta para grabar un show con ellos. Me vino como anillo al dedo para mi ego, pero ahora, en retrospectiva, me doy cuenta de que no debería haber brincado tan rápido de una cosa a otra. Ellos no estaban listos para producir un show tan grande, complicado y costoso, y yo no estaba lista para comenzar a trabajar con otra compañía en tan poco tiempo, después de haber recibido tal shock. Pero en la vida se aprende de todo, y eso era lo que me tocaba aprender a mí a través de esta experiencia.

En ese momento pensé que para dejar de sentirme tan deprimida, lo mejor sería ponerme a trabajar lo antes posible. Entonces, siempre buscando una solución, uno de mis agentes, Darío Brignole, habló con Don Browne, el presidente de Telemundo, y llegamos a un acuerdo para hacer un nuevo show. Como a esa altura de mi carrera ya no quería hacer un show diario, le dije que me iría con él si acordábamos uno semanal, y así fue.

Realmente cumplió su promesa. Cuando firmé con él, puso mi foto en todos los autobuses de Miami y otras ciudades, gastaron cantidad en publicidad y anuncios a nivel nacional, me hicieron un set hermoso para grabar el programa, todo parecía ir encaminándose. Pero de pronto nos cayó otra gran sorpresa encima. Después de anunciar a lo grande que me habían firmado en Telemundo, que era uno de sus sueños de hacía tiempo, Don Browne se retiró. Yo fui su último gran logro antes de jubilarse. Cuando él se fue, lo cual ocurrió unos meses antes de que mi programa saliera al aire, como en todos estos casos, también se fue parte de su equipo y quedó un gran vacío. Nos tocó vivir otro cambio de mando, pero esta vez en un lugar nuevo que todavía no podíamos llamar casa. Trabajamos los siguientes tres meses sin presidente y nos quedamos con un programa de dos horas los domingos en un horario donde la gente está de paseo o en la playa en vez de frente al televisor. Sin embargo, ya estábamos en el baile, así que no nos dimos por vencidos. Seguimos pa'lante.

Cada programa de dos horas nos tomaba muchas más horas grabarlo porque parecía que el equipo técnico que nos asignó Telemundo, aunque siempre tenía la mejor disposición, no estaba preparado ni entrenado para producir un show de ese corte. Se perdía mucho tiempo por falta de experiencia. Encima, nosotros veníamos de hacer un programa que marchaba sobre ruedas, donde estábamos acostumbrados a entrar, hacer lo que había que hacer y salir, con eficiencia y rapidez. Pero en Telemundo, el programa se hizo un acto torpe y muy caro que al final no daría resultados. Para producir esas dos horas de televisión por semana, realmente debería haber habido el doble del personal, pero no fue el caso. Mi equipo de producción trabajó hasta el agotamiento. Mi coproductor ejecutivo y buen amigo Osvaldo Oñoz prácticamente vivía en su oficina.

Por otro lado, el set enorme y hermoso que me crearon no me resultaba funcional para el tipo de show que queríamos producir. Al entrar el primer día al estudio, todo el mundo me hablaba del diseño y me preguntaba lo que me parecía la decoración y el tapizado de los asientos, pero lo primero que noté fue que el set no era un cuadrado, sino un rectángulo largo. Me explicaron que se había hecho de esa forma porque ahora con la televisión HD había que grabar así. Pero con un set rectangular, el público no podría ver la actuación de los artistas porque esa área estaba en un rincón lejos de la gente. No era práctico. Era divino, pero no era funcional.

Como si todo esto fuera poco, quedaba todavía otro gran obstáculo por atravesar, uno de los más importantes: los artistas invitados. Lo primero que me dijeron algunos de mis allegados al entrar a Telemundo fue que no vendría nadie al show. Si yo no salía a buscarlos, ellos no vendrían por su cuenta. La rivalidad entre Telemundo y Univision es tan grande que existen listas tácitas de personas que no pueden ir a un programa de una cadena porque promocionaron lo suyo en la otra cadena primero. No era una táctica nueva ni era algo personal contra mí; esto es algo que siempre ha ocurrido. Pero ahora estábamos del otro lado de la guerra. Intentaban boicotear mi programa en Telemundo, pero como había mucha lealtad de parte de los artistas hacia mí, igual conseguíamos que algunos vinieran.

Sin embargo, todo parecía salir mal. Por más sacrificio y trabajo que le dedicáramos a este nuevo show, no lográbamos hacer clic en ningún sentido. No me habría molestado seguir invirtiendo todo ese tiempo y esfuerzo si los resultados hubiesen sido positivos. Pero los ratings no fueron lo que se esperaba, lo cual me tenía muy sorprendida y disgustada porque yo sabía lo que valíamos y lo que podía vender mi programa.

Entonces, ya con la experiencia anterior que acabábamos de vivir, le dije a Marcos que nuestro final se aproximaba. Vino a mi casa el nuevo presidente de Telemundo, tuvimos una reunión y finalmente me dijo que esto no estaba funcionando. En realidad, tenían razón. Aquel proyecto no estaba funcionando, pero dejarlo ir tan fácilmente no fue una movida sensata, a mi parecer. Por ejemplo: en tan sólo un año habíamos conseguido, con muchos esfuerzos, la asistencia de un calibre de artistas que nunca iban a esa cadena, que ahora sí iban por lealtad a mí. Marcos y yo, junto a nuestro equipo de trabajo, nos sentíamos muy mal. Sentíamos que no podíamos avanzar. Nosotros estamos acostumbrados a trabajar duro, a invertir nuestro tiempo y a echarle ganas esperando ver resultados. En este caso, no había resultados. Era como estar atascados en el lodo. Por eso, cuando finalmente vinieron los nuevos dirigentes y nos dijeron que pensaban que era mejor cancelar el programa, mi reacción fue totalmente la opuesta a la que tuve con Univision. Cuando se fueron de mi casa, entré a la cocina y me puse a cantar "Born Free" del alivio que me produjo ya no tener esa obligación. Me sentía liberada. Estaba deseando dejar ese trabajo. La televisión es una locura y se trabaja muy duro, pero cuando metes tantas horas de trabajo y no ves el resultado esperado, no tiene sentido seguir. En la vida hay que ser flexible y darse cuenta de cuándo hay que cambiar de dirección para poder seguir pa'lante.

¡Infórmate!

Como bien dice la canción "Born Free", al final: "La vida vale la pena vivirla, pero sólo vale la pena porque has nacido libre".

Tiempo de reflexión

Con la cancelación del show en Telemundo sentí mucho, mucho, mucho alivio, pero un alivio ridículo. Estuve como dos meses

> *No se deben tomar decisiones cuando uno está con las emociones a flor de piel.*

flotando en una nube de felicidad. Al cerrarse esta otra puerta, aparecieron más por abrir. Enseguida recibimos varias ofertas de otros lugares, pero esta vuelta decidimos tomárnosla con calma y esperar. Las experiencias no son de gratis. Debemos aprender de cada una de ellas. Ahora habíamos aprendido nuestra lección. La primera decisión de irnos a Telemundo se tomó así de rápido porque estábamos en shock y heridos. Apuramos las cosas para seguir pa'lante, pero la realidad es que no se deben tomar decisiones cuando uno está con las emociones a flor de piel. Debes parar, evaluar tu vida y tu situación, reformular tus metas de acuerdo a los cambios que acaban de ocurrir, y sólo ahí te sentirás lista para darle pa'lante.

Cuando por fin me di este tiempo para reflexionar y ver qué quería hacer, me di cuenta de que desde un punto de vista creativo, estaba muy quemada. A mí me encanta la televisión y sí quiero trabajar en televisión. Me encanta entrevistar y conocer a gente nueva, pero me cansé mucho de las disqueras y los negocios entre estas y las cadenas televisivas que les impiden a sus artistas ir al programa que les da la gana, así como toda esa politiquería que pasa a menudo entre ellos.

Esa pausa que finalmente nos dimos me dio el espacio para decirle a Marcos: "Lo próximo que hagamos quiero que incluya temas sociales". Así fue que seguimos pa'lante con mi canal en Sirius XM Radio, Cristina Radio, así como mi programa de radio, *Cristina entre amigos*, donde justamente hablamos de temas sociales, y por eso también decidimos involucrarnos en la campaña del presidente Obama. Volví a mis raíces periodísticas, a informar a mi gente de temas importantes, a ayudarlos a mejorar sus vidas, y así encontré nuevamente mi centro y mi felicidad.

Siempre que se cierra una puerta, se abren otras, pero, dada mi experiencia y aprendizaje personal, antes de atravesar una puerta nueva, tienes que darte suficiente tiempo para elegir la mejor para ti. Permítete un espacio de reflexión. Analiza los pasos previos y medita sobre lo que acabas de vivir. Piensa primero en vez de reaccionar. La decisión de saltar tan rápidamente a Telemundo fue una reacción, ni lo pensé. El tiempo para pensar te brinda tiempo para planear tus próximos pasos con más cuidado y ver qué es lo que más te conviene. Es el momento ideal para hacerte preguntas más profundas, como: "¿Qué más quiero hacer con mi vida?", "¿Qué me haría feliz?". Si hay algo que siempre quisiste hacer, pero nunca te animaste a hacerlo, quizá este sea el momento para intentarlo. El tiempo te regala una perspectiva nueva. Aprovecha la situación y úsala a tu favor. Luego, cuando estés lista, sí, levántate, desempólvate y pa'lante.

> *El tiempo te regala una perspectiva nueva.*

En mi caso, si el show de Telemundo hubiera pegado, si todo se hubiera dado para que tuviéramos el éxito que podíamos tener, de pronto me habría encontrado con toda la responsabilidad de un programa más los repentinos problemas de salud que al poco tiempo me ocuparon los días. Entonces, a veces las cosas pasan en los momentos clave, y con el tiempo uno llega a ver el porqué de cada cambio. Si hubiera seguido con el show, no le habría prestado la atención necesaria a mi salud porque todavía no había aprendido esa lección. Me habría seguido tropezando y cayendo sin saber por qué, habría hecho el programa sentada porque no podía caminar bien sin darme cuenta ni reconocer que algo andaba mal con mi salud. En aquel momento, estaba tan enfocada en seguir adelante con mi carrera, que si el programa en Telemundo no se hubiese cancelado, yo probablemente habría muerto.

DE ESO NO SE HABLA

Sé sincera contigo misma y préstale atención a tus necesidades. No te ciegues por las emociones y las reacciones que causan los grandes cambios. Lo de pa'lante es un dicho para motivarte, para brindarte energía, pero también es necesario darte el espacio para escuchar tu voz interior, para observar tu situación y tomar las medidas necesarias. Al hacer esto, el "pa'lante" te servirá para avanzar, mejorar y triunfar en la vida.

Los cambios no son fáciles, pero son una gran parte de la vida, y no queda otra que aceptarlos y aprender. Es como un casamiento que termina en divorcio. En ese momento de dolor es difícil tomar perspectiva y comprender por qué estás pasando algo así, pero quizá es porque el hombre de tu vida en realidad está a la vuelta de la esquina. Y si te hubieras quedado con el otro, por comodidad o lo que sea, nunca habrías abierto esta puerta nueva y no habrías experimentado el verdadero amor. Al fin y al cabo, el cambio rinde frutos positivos si logras aprender de él.

Mi gran lección al finalizar toda esta abridera y cerradera de puertas fue aprender a aceptar el cambio de velocidad en mi vida. Al principio esto me volvía loca. Estaba acostumbrada a ir a diez mil millas por hora, y de pronto todo frenó. ¿Y entonces? ¿Ahora qué? La velocidad me hacía falta, adaptarme a este cambio no fue nada fácil. Me tomó trabajo, tiempo y mucho pensar y analizar, pero al final logré acostumbrarme y ahora puedo ver, en retrospectiva, que era algo necesario en mi vida.

El pasado ya pasó

Una vez que hayas tomado la pausa necesaria para reflexionar y reajustar tus metas, es hora de atravesar una nueva puerta y seguir tu camino. Mira pa'lante. No te acomplejes. No te quedes pensando y obsesionándote con el pasado y con lo que habría pasado si hubieras hecho tal o cual cosa diferente. Es demasiado tarde, ya lo hecho, hecho está. El pasado ya pasó. En este momento te toca concentrarte en lo que puedes hacer de ahora en adelante para estar mejor, para no repetir los mismos errores, para aprender de los cambios y aplicar estas nuevas lecciones a tu vida.

Si te quedas con lo viejo, permaneces frustrada. Tampoco debes mirar hacia los lados. Los lados traen distracciones, y lo que quieres es estar enfocada en tu presente y tu futuro, pa'lante siempre. Por eso, a muchos de los caballos de carrera les ponen anteojeras, porque si miran a sus lados o miran hacia atrás pierden velocidad y, por ende, posiblemente pierdan la carrera. Es lo mismo para nosotras. Te tienes que concentrar en ti misma. La competencia es importante, pero en vez de competir con los demás, tienes que competir contigo misma, con lo que eras el año pasado y el anterior, para continuamente seguir superándote.

Eso es lo que te motiva, lo que te da fuerza y cosas frescas en qué pensar.

Con cada etapa nueva que comiences, con cada puerta nueva que atravieses, nunca olvides el secreto principal: intenta siempre ser feliz y estar en paz con tu vida. Para encontrar la felicidad debes seguir a tu corazón. Suena como un cliché, pero al final del camino verás que es la verdad.

> *Intenta siempre ser feliz y estar en paz con tu vida.*

PONLO EN PRÁCTICA Y APLÍCALO A TU VIDA

1. No te aflijas con los cambios. Cuando una puerta se cierra, se abre otra.
2. No tomes decisiones con las emociones a flor de piel.
3. Si tomas una decisión y ves que no te está funcionando como creías, no tengas miedo de salir de esa situación. Habrá más puertas por abrir.
4. Antes de atravesar otra puerta y comenzar un nuevo capítulo, regálate un tiempo para reflexionar, pensar y digerir lo que te ocurrió, y planea tus siguientes pasos.
5. Una vez que arranques pa'lante otra vez, ya no mires pa'trás ni para los costados. El pasado ya pasó, ahora debes concentrarte en tu presente y tu futuro.

SEGUNDA PARTE

Relaciones

12

Elige a un compañero de viaje

Tu compañero de vida te puede ayudar a triunfar y cumplir tus sueños o te puede limitar a tener una vida que no llega ni a la mitad de lo que te habías imaginado. Por eso es tan importante elegir bien a la hora de considerar a la persona con quien quieres pasar el resto de tus días. No sólo te enfoques en su potencial para ser buen padre o su posibilidad de poder mantener a una familia, busca también a alguien que apoye tus sueños, que te respete, que sepa compartir los roles de la casa y, antes de dar el sí, asegúrate de que te estás casando pura y exclusivamente por amor.

En el capítulo 5 se habló de lo importante que es invertir en ti. Bueno, escoger un buen compañero de vida también es una inversión en ti. Invierte tu tiempo y tu corazón en un hombre que te ame, que te desee y que te apoye, y no en alguien que se vuelva un obstáculo en tu camino. Y cuando elijas a la persona con quien quieres pasar el resto de tu vida, asegúrate de elegirla con una visión al futuro. No es necesario que tengan todo en común, es más, mejor que no sea así, pero sí deberían compartir sus sueños y metas grandes. De esta manera, en el camino de la vida, apuntarán e irán de la mano hacia el mismo destino.

La atracción sexual

Una de las razones por las que te permites enamorarte de alguien es porque sientes atracción sexual por esa persona. Esa química inicial es la que hace que se miren con otros ojos, la que lleva a la primera cita, el primer beso, la primera noche juntos. Experimentar todo esto es esencial para elegir bien a tu pareja. Cuando Marcos y yo nos juntamos fue como recibir un golpe repentino en la cabeza. La atracción entre nosotros era palpable, queríamos estar juntos todo el tiempo. Es más, fue tan fuerte nuestra química y disfrutamos tanto de ese comienzo, que pensamos que sería un romance pasajero. Ni nos imaginamos que estábamos comenzando una relación que ahora está cumpliendo treinta años de casamiento. Y esa atracción ha sido uno de los secretos por los que todavía seguimos juntos.

No sólo es importante que sientan una atracción mutua, sino que deben tener compatibilidad sexual. Sí, tienen que llevarse bien dentro y fuera de la cama —son los cimientos esen-

¡Infórmate!

La química entre dos personas es tan importante que hasta figura su definición en el *Diccionario de la lengua española:* "relación de peculiar entendimiento o compenetración que se establece entre dos o más personas".

ciales para una relación duradera—. Las personas, en general, tienen velocidades sexuales muy diferentes. Algunas son más relajadas y lentas, otras son como conejitas. Si tú eres relajada y te casas con un conejito, te vas a fastidiar. Tienes que buscar a alguien que sea compatible contigo en la cama, que vaya a tu misma velocidad. Justamente por esta razón, aconsejo que uno no debe casarse —nunca— sin haber probado antes.

Es más, no sólo te recomiendo que pruebes el caramelo antes de casarte, también me parece esencial que vivas un tiempo con tu futuro marido. Durante el noviazgo, tu pareja muestra lo mejor de sí, al igual que lo haces tú. La realidad se ve al convivir. Ahí es donde podrás observar dónde pone la pasta de dientes, si ve deportes todo el día, si le gusta tener sexo una vez al día, a la semana o al mes. Una vez que te asegures de que son compatibles en la cama y en la casa, ahí podrás tomar una decisión más informada al elegir casarte.

Claro, cuando empecé a decir esto en el show, se me rebelaron todas las mamás latinas. "¡¿Cómo les vas a decir a las niñas que no sean vírgenes?!". Oye, yo no digo que no sean vírgenes, yo digo que si se van a casar con alguien, que prueben primero. ¿Tú te comprarías una casa o un bote sin verlo? No. Y esto no es un bien material, la idea es que esto te dure toda la vida. Pruébalo, y si no te funciona, pues busca a otro.

Cuando encuentres a esa persona que te vuelve loca, asegúrate de que a él también le encantes. Busca a alguien que guste de tu tipo de físico, que te desee tal como eres. No hay nada más horrible que estar con un marido que esté constantemente señalando tu necesidad de adelgazar o de cambiar. Es muy simple:

DE ESO NO SE HABLA

Al principio de nuestra relación, Marcos me decía que yo pensaba en el amor y en el sexo como un hombre, ¡tantos hombres, tan poco tiempo! Eso cambió cuando me junté con él, por una simple razón: me enamoré. Pero previo a eso, siempre pensé que cuando estás amando a alguien, sin el compromiso de casamiento o una relación, simplemente conociendo a la persona, con cada relación nueva que tienes con una posible pareja estás compartiendo tu amor. Estás compartiendo una parte tuya de una manera muy íntima. En el show, en un programa, nos sentamos Marcos y yo uno al lado del otro y dejamos que el público nos preguntara lo que ellos querían saber sobre nosotros. Y una persona me preguntó: "Cristina, ¿tú te casaste virgen?". A lo que yo le respondí: "Sí, mami, las dos veces".

no le gustas. Y al que no se de cuenta de eso hay que decirle: "Mijito, se cae de la mata".

No es que la gente tenga un tipo de físico que le guste, pero sí tiene un tipo de físico que no le gusta. Así que no te cases con lo que no te gusta y punto. Ojo, el deseo sexual no tiene que ver exclusivamente con lo físico. Yo sé que lo que a Marcos le atrae de mí no tiene nada que ver con que mi cuerpo, esté gordo o flaco. Le gusta cómo huelo, cómo soy, cómo camino, mis locuras, y eso es también un factor importante que nos ha llevado a pasar estos treinta años juntos. Así que no te conformes con alguien que no esté encantado contigo a todo nivel, ni tampoco aceptes a alguien que no te encante. Si lo haces, en algún momento te arrepentirás.

El apoyo mutuo

En los años en que yo me formé como mujer, la discriminación mayor la experimenté en mi carrera. Las mujeres tuvimos que luchar ferozmente para que nos dieran el respeto que merecíamos en el trabajo. Hoy en día, las mujeres, en especial las latinas, siguen enfrentando una discriminación importante, pero ahora no se encuentra sólo en el trabajo sino también en la casa. Sigue existiendo el modelo tradicional en la casa, donde el hombre sale a trabajar y la mujer lo apoya y se ocupa de todo lo del hogar. La diferencia ahora es que la mujer también sale a trabajar y también tiene sueños de avanzar en su vida profesional.

Entonces, preguntas del marido como: "¿Mis camisas están planchadas?" o "¿Dónde está mi cena?" se vuelven parte de la discriminación diaria que sufre la mujer en casa cuando no elige a un marido que la apoye de igual manera que ella lo apoya a él. Cuando ocurre esto, el saboteador número uno no lo tienes en tu trabajo, lo tienes en tu casa. Y ahora el problema en realidad eres tú. Al elegir una persona que no te apoya, la que se está poniendo las piedras en el camino eres tú y sólo tú. Si te encuentras en una situación como esta, no tengas miedo de hacer un cambio, puede ser la mejor decisión de tu vida.

Mi ex marido no compartía mis sueños de tener una vida grande, hasta pensaba que esas metas que yo tenía para mi vida y mi carrera nos hacían daño como pareja porque él no creía que fuéramos capaces de alcanzarlas. Me di cuenta de que nuestras ambiciones y metas eran diferentes después de haberme casado. Y cuando abrí los ojos y sentí esta falta de apoyo y falta de ganas de apuntar hacia la misma dirección, supe que esa relación no duraría mucho más tiempo. No fue fácil terminarla, en especial porque teníamos una hija, pero ahora sé que fue la mejor decisión que podría haber tomado. Cerrar esa puerta me dio el espacio para abrir otra y encontrar un compañero de viaje que hasta el día de hoy me apoya en todo lo que hago.

Cuando Marcos y yo decidimos que era hora de que yo hiciera la transición del mundo de las revistas al mundo de la televisión, nuestras familias pusieron el grito en el cielo; no creían que lo fuéramos a lograr. Pero con amor y apoyo mutuo, decidimos hacer oídos sordos a las quejas familiares y seguir pa'lante con nuestros sueños. Sin ese apoyo mutuo, quizá no habríamos tenido la fuerza de atravesar el miedo al cambio en busca de algo más grande.

Y fue ese apoyo mutuo el que nos ayudó a sobrevivir ese gran cambio. Vivimos juntos, trabajamos juntos, estamos juntos las veinticuatro horas del día. No fue una transición fácil, pero lo bueno es que yo era ambiciosa y él también lo era, ¡por mí! Él fue quien me plantó la semilla de la televisión en la mente. Me veía tan cómoda después de veinte años trabajando en las revistas que sintió que yo necesitaba un reto nuevo. Y acepté. Marcos me apoya en todo y contra todo; él tenía más fe en mí de la que yo misma me tenía, y juntos pudimos triunfar y cumplir aquellos sueños grandes que tanto dudaban los demás que alcanzaríamos.

Para lograr tener un matrimonio equilibrado, tienes que escoger un compañero que apoye tus metas y sueños, que te empuje hacia adelante y que celebre tus logros, de la misma forma en que lo haces tú con

El apoyo mutuo es esencial si quieres tener una relación larga, sana y feliz.

él. El apoyo mutuo es esencial si quieres tener una relación larga, sana y feliz.

Amor y respeto

De joven, yo no creía en el amor. Pensaba que el amor era para la gente que lee las novelas rosa de Corín Tellado. Nunca me había enamorado, entonces realmente no creía que eso fuera algo real, pensaba que no sería algo que yo experimentaría en mi vida... hasta que conocí a Marcos. En mis treinta, había logrado ser la directora de la segunda revista más importante de América Latina, en un momento de nuestra historia en que las mujeres teníamos que luchar para ser vistas, tratadas y reconocidas de igual manera que los hombres. Así que el amor realmente no estaba en mi radar. Es más, estuve casada casi ocho años con mi primer marido y no llegué a enamorarme. Por lo tanto, al terminar esa relación, sencillamente pensaba que eso no me iba a tocar a mí. Como ya había logrado tantas otras cosas importantes en mi vida, y me sentía tan agradecida, acepté que el amor no estaba en mi destino.

Estuve "suelta" un año después de separarme y, cuando conocí a Marcos, él también se estaba divorciando. Novios y enamorados no me faltaron, pero con Marcos hubo algo especial. Aparte de esa atracción inicial explosiva, con el pasar del tiempo, Marcos me enseñó lo que es querer. Me abrió el corazón como nunca nadie antes lo había logrado hacer, y me enseñó lo que es realmente amar. No sólo eso, también aprendí lo lindo que es respetarse mutuamente. Sin respeto, todo lo demás se va por la ventana. Es más, para que yo deje que Marcos me toree como me torea, es porque estoy totalmente enamorada de él y lo respeto como marido, como padre, como profesional, como amigo y como persona.

Cásate por amor

Una de las razones por las que mi primer matrimonio no funcionó fue por darle importancia a las cosas equivocadas. Si sólo te casas porque sientes que debes casarte, o porque tienes cierta edad y es lo que te toca, o porque necesitas a alguien que te mantenga, amigas, esas son todas razones equivocadas. Sin amor, no te cases. Es así de simple. Y por favor, en el proceso, hazte respetar.

> *Sin amor, no te cases.*
> *Es así de simple.*
> *Y, por favor, en el*
> *proceso, hazte respetar.*

Nunca comprendí a las "esposas de trofeo", las jovencitas bellas que se casan por dinero. Primero y principal, no te cases por el dinero, cásate por amor. Pero bueno, digamos que eres una de las pocas esposas de trofeo que en realidad se casaron enamoradas, entonces, por favor, date a respetar. No logro ver el propósito de casarse con un hombre rico para gastar la plata del marido sólo en ropita. El tipo se casó para verte encuerita, no le importa la ropita. Y los hombres que quieren ser alguien en la sociedad buscan una mujer que luzca más como Jacqueline Kennedy, fina y elegante, no van por una mujer tan desnuda y sexual que lo único que provoca es que sus amigos se la vacilen en frente de sus ojos. Así que date a respetar. Recuerda que el amor, el respeto y el apoyo mutuo son esenciales para mantener una relación duradera, así como lo es ser auténtica. No pases por

la vida siendo la hija de, la nieta de, la esposa de, la mamá de...
En todos estos roles que te van a tocar en la vida, tienes que
mantener tu individualidad, si no, te volverás invisible. Nadie
merece ser invisible en este mundo.

Para evitar ser invisible en tu relación, es importante que
sepas elegir bien a tu pareja. Te debes casar por amor, eso es
clave, pero también tienes que agregarle a eso encontrar a la
persona con quien te ves creando un futuro, con quien puedas
caminar de la mano hacia un destino en común, con quien te
puedas imaginar al final del arcoíris de la vida. Esta es una regla
de oro, y es una de las razones por las que mi primer matrimonio
no duró y por las que mi relación con Marcos ha llegado a estos
treinta años de casados.

A menudo, en vez de mirar hacia el futuro, las mujeres se
enfocan demasiado en el presente cuando se trata de elegir a un
compañero de vida. Claro, yo te entiendo, a quién no le gusta
que su compañero baile bien, tenga los ojos bonitos, sea romántico, todo eso es un gran plus. Pero no puedes basar tu decisión
en eso. Tienes que tener en cuenta tus metas y sueños, hacia
dónde se dirige tu barco y en qué lugar se va a anclar. La clave
no es pensar en dónde estás ahora, sino dónde crees tú que va a
terminar tu vida, para que ambos crezcan juntos hacia la misma
dirección. Esta es la base para elegir una pareja a largo plazo; sin
esto en común, no llegarán muy lejos.

Después de darme cuenta de que con mi primer marido
no teníamos el mismo destino final en común, me divorcié. Los
divorcios no son nada fáciles y menos cuando hay hijos de por
medio. En mi caso, Titi tenía cinco añitos. En general, quedas
quemada y no confías en nadie. Cuesta mucho abrirse de nuevo

con otra persona. Pasé un tiempito donde no quería compromisos con uno solo, así que probé varios. Cuando uno de mis enamorados me preguntó si consideraría casarme con él, inmediatamente sentí que no. Yo no me quería casar con más nadie, hasta que llegó Marcos a mi vida. Y confiar en él, también me costó.

Marcos me decía: "Cásate conmigo ahora que estoy en especial. Aprovecha", porque se estaba divorciando. Y yo pensaba: "*Este tipo está loco*". Por otro lado, mi mami me decía: "Tú vas a meter en tu casa a un tipo teniendo a una niña chiquita. Tú no lo conoces, a lo mejor es un abusador infantil". Y papi me decía: "No te cases con alguien once años menor que tú, te va a durar cinco años". A lo que yo le respondía: "Sí, papi, pero van a ser los cinco años más ricos de mi vida". Todo lo que pensé y presentí, pasó, gracias a Dios, pero en vez de ser los cinco años más ricos de mi vida, han sido treinta, ¡y todavía nos faltan más!

Marcos es muy maduro, tiene un alma vieja, y aunque tiene once años menos, siempre pareció tener once años más que yo. En mi primer matrimonio no fui feliz porque no sabía lo que era el amor. Ahora sí sé lo que es y espero que nadie se pierda de un sentimiento tan divino. Por eso es que siempre le digo a todas las mujeres que conozco que hay una sola razón para casarse… no hay dos, no hay diez, hay una sola: por amor. He visto a gente que se casa por dinero, por subir en el trabajo, porque sienten que es lo que deben hacer, pero la única razón verdadera que tienes que tener es que estás enamorada, pero perdidamente. Te lo repito, no lo hagas por dinero, no lo hagas porque esa persona cumple los requisitos de lo que debe ser un buen hombre. Hazlo porque estás tan enamorada que no puedes concebir tu vida sin esa persona a tu lado.

PONLO EN PRÁCTICA Y APLÍCALO A TU VIDA

1. Si no tienes química con una persona, sigue tu camino y busca alguien que realmente te atraiga. La química no lo es todo, pero sin química no hay nada.
2. Convive con tu pareja antes de dar el sí, así sabes de antemano en lo que te estás metiendo.
3. Busca a alguien que te quiera apoyar de la misma forma que tú lo quieres apoyar a él. El apoyo mutuo es uno de los secretos para tener una relación larga y feliz.
4. No sólo busques la química y el amor, busca también alguien a quien respetes y que te respete. Es otra clave para que tu relación sea duradera y sana.
5. Cásate pura y exclusivamente por amor.

13

La pareja duradera
evoluciona de la mano

En el capítulo anterior compartí mis secretos para elegir un buen compañero de viaje. Bueno, una vez que lo tengas, tienes que saber cómo hacerlo durar. Ya tienen metas y sueños grandes en común, están enamorados, sienten atracción mutua, se apoyan, ahora deben aprender a seguir evolucionando juntos y nutriendo la relación para no perderse en el camino.

Cuando empiezas una relación, el deseo sexual, la pasión y la atracción predominan. Luego desarrollas sentimientos por la persona y te enamoras. Sabes que esa es la persona con quien quieres pasar el resto de tus días, así que te casas. Después crean un hogar, tienen hijos y hasta nietos. Eso es lo que la mayoría de nosotros desea tener en nuestras vidas, ¿pero cómo se hace para llegar a cada una de estas etapas? Tienen que aprender a disfrutar cada año que pasa, aceptarse, apoyarse, compartir las preocupaciones y los éxitos y crecer juntos. Si tú te caes, tienes que saber que tu marido va a estar ahí para levantarte, y tú también tienes que estar ahí para él. No es un viaje fácil, pero se vuelve rico cuando tienes con quién compartir lo bueno y malo que se les presenta en el camino.

Para que tu matrimonio perdure, asegúrense de:

- evolucionar como personas y pareja
- mantener esa llama del amor encendida
- permitirse pelear y discutir para aprender y crecer
- y no perder la individualidad en el camino.

Cada camino y cada pareja es diferente. Tú tienes que encontrar la ruta que mejor les vaya a ustedes dos. Los matrimonios de Celia Cruz y Pedro Knight, y Gloria y Emilio Estefan son muy sólidos y duraron muchos años en un negocio tan volátil como el mío. Celia y Pedro estuvieron juntos hasta al final, y Gloria y Emilio siguen juntos después de más de treinta años. Esas dos parejas me han servido de gran ejemplo a través del tiempo, y ahora puedo decir que nosotros también somos de las pocas parejas del mundo del espectáculo que se han mantenido unidas tanto tiempo. Este año cumplimos treinta años de casados. Aquí te comparto lo que yo he aprendido en mi viaje a través de estos años junto a Marcos, y lo que nos ha servido a nosotros para llegar a este aniversario unidos.

No te quedes atrás

Una de las maneras más fáciles de perder la unión con tu pareja a través de los años es si te quedas atrás en lo que respecta a tu desarrollo personal. El hombre sigue creciendo y aprendiendo, avanza en su carrera, sale a buscar sus sueños; la mujer debe hacer lo mismo. Nutrirte y desarrollarte como persona ayuda a nutrir y desarrollar tu relación con tu marido. No pierdas la capacidad de conversar con tu marido más allá de lo que deben comprar en el mercado o lo que hicieron o dejaron de hacer sus hijos. La comunicación en una relación es esencial, y si no te alimentas con información nueva y continúas aprendiendo, va a llegar un punto en que no tendrás mucho que aportar en la conversación.

> *Nutrirte y desarrollarte como persona ayuda a nutrir y desarrollar tu relación con tu marido.*

Mantente informada. Lee el diario de principio a fin, conéctate con lo que ocurre en tu ciudad, país y mundo. Con esta sencilla acción, tendrás algunas cosas de qué hablar no sólo con tu marido, sino con sus socios y con los tuyos. Aparte de esto, sigue desarrollando tu carrera y tus pasatiempos, eso también les dará de qué conversar al final del día, cuando los niños estén durmiendo. A mí me encanta la pasión que tiene Marcos por los peces koi. Me habla de los peces y su historia en Japón con tanta pasión que me inspira ganas de ir con él a Japón para acompañarlo a explorar su pasión más a fondo. Es importante que se apoyen en lo que hacen y muestren interés por lo que va aprendiendo y desarrollando cada uno en su tiempo libre. Esto junto con la comunicación es clave.

Sin embargo, lo de no quedarte atrás no significa que tienes que entrar en una competencia con tu marido para ver quién tiene más para decir. Esto no es un juego para ver quién gana, es una herramienta para seguir interesados el uno en el otro. Es más, la idea no es competir con ningún hombre. Ellos no son el enemigo. Los hombres son deliciosos, son tus aliados. No puedes partirlos por arriba con un machete. Enfócate en ti y en seguir desarrollándote como persona, así nunca te faltara de qué hablar.

Mantén la llama encendida

Otro gran secreto para durar tantos años juntos es no dejar que se apague la llama entre ustedes. Las relaciones cambian, evolucionan. Con el tiempo, otras cosas tienen más prioridad de la que tenían antes, pero es importante mantener viva la atracción que hay entre ti y tu marido.

Nosotros hoy en día seguimos saliendo en citas y alimentando nuestra vida en pareja. Nos reímos, nos hacemos mimos, nos damos regalitos. Cada cual sabe lo que tiene que hacer para mantenerse atraído al otro, pero no dejen de lado su vida sensual y las atenciones y los mimos que mantienen viva esa conexión tan especial y profunda que existe dentro de una pareja.

Tengo una manera muy abierta de pensar sobre el amor y la sexualidad, aunque creo que la infidelidad en general es una falta de lealtad. No tiene nada que ver con el sexo, tiene que ver con serle desleal a tu mejor amigo. ¿Sabes qué? Si estás lista para hacer eso, entonces vete, márchate. Ese dolor no se lo merece nadie. Ahora, tampoco sientas una presión enorme por estar perfecta para que tu marido no se vaya con otra. Eso tampoco sirve.

Por ejemplo, yo no me maquillo en mi casa ni para salir a la calle todos los días. Para mí, el maquillaje es para el trabajo o para alguna fiesta. Lo uso cuando hago una entrevista, por ejemplo, porque la persona que vino a entrevistarme no vino a ver a Mati, vino a ver a Cristina. Esto no quiere decir que no sea presumida, que no me sienta bien conmigo misma. El maqui-

185

llaje no hace que te veas bien. Lo siento mucho, pero yo me veo muy bien sin maquillaje. Creo que las mujeres que dependen demasiado del maquillaje para sentirse bien no tienen seguridad en sí mismas. Si este es tu caso, deja el maquillaje a un lado y comienza a tener más confianza en ti misma. No sabes lo sexy que es para un hombre tener a una mujer segura a su lado.

Tienes muchas maneras de lucir y de verte bien, ¿y sabes qué?, en tu pijamita en tu cuarto, con la cara recién lavada, te ves bien también, al igual que Marcos se ve bien lavando un carro. La clave es tener seguridad en ti mismo. La otra noche, yo le decía a Marcos: "¿Verdad que a ti te encanta mi nariz?". Y él me contestó que sí. La nariz no hay que pintarla para que esté linda. Mi marido no se va a satisfacer en otra parte porque yo no me maquillo, porque si se satisface en otra parte, lo mato, y él lo sabe.

Uno de los consejos que yo les daba a las chicas *Cosmo* cuando era directora de la revista es el siguiente: ustedes se ponen perfume para ir a la calle… pónganse perfume para ir a la cama. Yo a veces echo tanto perfume en mi almohada y en mi cuerpo que Marcos me pregunta: "¿Pero qué te pusiste hoy?". Pero la verdad es que a él le gusta que huela rico en la cama, ¿a quién no? Él también, todos los días se baña, se afeita y se echa su colonia, sea que tenga que salir o se quede en casa. No hay nada más agradable que oler bien, y es algo que ambos tenemos en común desde siempre. ¡Qué rico oler rico! Es más, él tiene muchas colonias diferentes y yo tengo muchos perfumes diferentes, y es un excelente regalo que nos hacemos para

> *Ustedes se ponen perfume para ir a la calle… pónganse perfume para ir a la cama.*

los cumpleaños o las Navidades. Así, no sólo seguimos probando nuevos olores, sino continuamos alimentando algo que nos sirve para mantener esa llama encendida con el pasar del tiempo.

Hay que también prestar atención a lo que le gusta al otro. ¿Sabes lo que me dice mi marido cuando me ve levantarme de la cama? Me dice que tengo pelo de roquero viejo, como Mick Jagger. Claro, él es calvo. Entonces a él le encanta mi pelo. Cuando lo tengo parado y alborotado, lo mata. Uno nunca sabe qué es lo que le gusta al otro hasta que te lo dice. Y ahí llegamos de nuevo a lo más importante de todo en la pareja: la comunicación. Se tienen que hablar. Uno no puede adivinar lo que le gusta al otro, ni podemos esperar que el otro lo sepa si no se lo decimos. Hablen. Díganse lo que les gusta y lo que no, y recuérdenlo para usar esta información a su favor cuando la cosa se pone romántica.

DE ESO NO SE HABLA

Hace poco tuve un sexólogo como invitado en mi programa de radio, y descubrí que hay demasiadas personas que no se animan a decir a sus parejas: "Mira, eso no me gusta". Tienes que sentirte lo suficientemente segura y cómoda para expresarle a tu pareja lo que te gusta en la cama y lo que no te gusta. Esto no sólo servirá para satisfacerte mejor a ti, sino que hará sentir bien a tu marido al saber que te está dando lo que necesitas para sentir placer. Y si no te escucha y no logran comunicarse y no te satisface, para, bótalo y búscate otro. Como bien dijo el sexólogo en ese programa: "El amor es para toda la vida, pero no todos los amores son para toda la vida". Y yo te agrego lo siguiente: para que te quedes con la persona que es tu amor para toda la vida, es clave comunicarse bien dentro y fuera de la cama.

Las peleas son sanas

Creo que ha quedado claro que la comunicación es esencial en una relación. Hay diferentes formas de comunicarse. Puedes comunicarte en conversaciones sobre tus intereses, tus pasiones, puedes comunicarte explicando lo que te gusta y lo que no, puedes comunicarte al hacer el amor y puedes comunicarte peleando. Ya sé, suena extraño, pero es la verdad. La mayoría de las veces uno aprende muchísimo a través de una pelea y, si sabes utilizar este momento no tan grato a tu favor, podrán crecer y evolucionar como pareja a través de lo que salta en dichas peleas. Entonces, la pelea es otra forma de comunicación, y me parece que es un factor esencial en la pareja.

> *La pelea es otra forma de comunicación, y me parece que es un factor esencial en la pareja.*

No pretendo hacerte creer que las peleas son bonitas. No lo son. En general son feas, fuertes y te movilizan. Pero ahí esta el secreto: te movilizan. Te mueven, te hacen aprender cosas que, si no las hubieran discutido, quizá no habrían salido a la luz. Y sólo aprendiendo logramos evolucionar. Y, por favor, no te dejes engañar por aquellas parejas que dicen que nunca se pelean. ¡Mentira! Y si es verdad, lo más probable es que no vayan a durar mucho más. Cuando pierdes el interés por pelear con el otro, quiere decir que perdiste el interés en esa otra persona, porque tú peleas para enfatizar tu punto de vista, porque quieres que te escuchen y te respeten. Y todo eso es normal y sano.

Cuando hago esa pregunta en una entrevista, para conseguir la respuesta que necesito, digo lo siguiente: "Cuando peleas, ¿en general de qué se trata la pelea?". De esa manera ya está implícito que pelean, porque a mí no me van a venir a hacer creer lo contrario. Y lo de nunca irse a dormir peleado, con el pasar del tiempo, es prácticamente imposible de sostener. Por ejemplo, cuando Marcos y yo estamos bien emperrados, podemos estar peleando por un par de días seguidos hasta llegar a la reconciliación. Si eso pasa, a la hora de dormir, igual nos acostamos en la misma cama, pero como estamos enojados, Marcos me marca una raya en la mitad de la cama y me dice: "Este es mi lado, y ese es el tuyo, así que no cruces esta línea divisoria". ¡Y vaya si la respetamos! Pero al final logramos aprender de estos encontronazos —y eso es esencial—. Por eso digo que para durar treinta años con Marcos, uno de los secretos nuestros es pelear, y pelear mucho, porque ahí sale todo. Lo bueno, lo malo y lo regular.

Una pareja con la que crecí, que se adoraba y se peleaba cada dos por tres, era la de mi papá y mi mamá. Eran una pareja increíble. Mi mamá era el tipo de mujer, y no creo que haya muchas, a quien le importaba mucho más su marido que sus hijos. La mujer latina, en general, es al revés. Mi mamá y mi papá eran uno. Peleaban, Dios mío, todo el tiempo. Si mi mamá se iba a Carolina del Norte con sus amigas, mi papá a los dos días estaba ahí, para pelear más. Era lo que más los unía. Tal es así que cuando mi papá se murió, estaba tirado en el piso después de su ataque al corazón, y mi mamá, que ya sufría de la enfermedad de Alzheimer, llegó a su lado, le dio un golpecito con el pie y le dijo: "Bebo, no se supone que tú te mueras antes que yo. Yo soy mayor que tú. Y además ¿ahora con quién voy a pelear?". Se casaron cuando tenían veinte y estuvieron más de cincuenta años juntos, peleándose y amándose sin cesar.

La individualidad es parte del "nosotros"

Con el pasar de los años, la pareja evoluciona junta y se convierte en un nosotros. Ese "nosotros" es una alianza muy especial que te hace sentir que tú y tu marido están unidos en las buenas y en las malas hasta el final. Es algo bellísimo que se debe alimentar y mantener. Pero creo que muchas veces este "nosotros" se puede malinterpretar. La idea no es que te pierdas en ese "nosotros", la idea es que sea un complemento en tu vida. Volverse un nosotros no significa que dejas de lado tu identidad o individualidad. Al contrario, no sólo tienes que se-guir desarrollando ese "nosotros" sino que también debes seguir nu-triendo tus gustos y tus deseos y metas. Por ser un nosotros no de-jas de lado lo que te hace bien a ti. La idea es unir fuerzas, no reem-plazar una por otra.

> *Volverse un nosotros no significa que dejes de lado tu identidad o individualidad.*

A mí me molesta mucho cuando la gente dice: "Tienes que encontrar tu media naranja". ¿Cómo es eso? Entonces, implica que si no encuentro a una pareja, ¿nunca seré una persona com-pleta? De ninguna manera. Tú no eres la mitad de nada. Tú eres completa, como te hizo papá Dios. Cuando se junta una persona completa con otra persona completa y juntas evolucionan como pareja, logran crear un nosotros. Cada uno es una individualidad riquísima que tiene muchísimo que ofrecerle al otro, por eso, la suma de uno más uno es mucho más que dos.

Para mantener esta individualidad en la pareja, el secreto es darse espacio para que cada uno pueda crecer. Los seres humanos siempre estamos creciendo, experimentando cosas nuevas, tenemos nuevos hobbies, nuevos intereses, y todo eso hace que una persona sea interesante. Si no tuviésemos todo eso, simplemente iríamos al trabajo, comeríamos y dormiríamos. La curiosidad que tiene uno sobre la vida y las ganas de seguir aprendiendo te mantienen interesante. Y es importantísimo que uno apoye lo que al otro le gusta hacer.

Por ejemplo, Marcos hace años que se metió en su pasatiempo con los peces koi, y hoy en día dedica mucho de su tiempo aprendiendo todo lo que puede sobre ellos, y yo no sólo le doy el espacio para que haga eso, sino que lo apoyo. Para mí, que él tenga esa pasión no me molesta, al contrario, me alegra. Me hace bien ver que mi marido se apasiona por lo que hace, porque me inspira a hacer lo mismo con lo mío. Y, de igual manera, él respeta el tiempo que paso investigando temas que me interesan o leyendo cosas que no tienen nada que ver con el trabajo.

Desarrollar ese interés personal es parte del crecimiento individual, que hace aún más rica a la pareja. Con esta evolución personal, maduras como matrimonio. Aprendes a respetar ese espacio de cada uno y a apoyarte mutuamente. Y este es otro secreto básico que ya establecimos en el capítulo anterior, pero vale la pena repetir: el apoyo mutuo. Fomentar la individualidad en la pareja no quiere decir que tome prioridad a lo que es el apoyo mutuo. Por ejemplo, si Marcos no juega al tenis, se muere. Es algo que le fascina, pero en este momento estoy en una silla de ruedas porque me resbalé en el baño y me partí un pie. Entonces Marcos, que juega tenis tres veces a la semana, está acá a mi lado, bañándome, cuidándome, aguantándome y no está yendo a jugar. Dejó eso sin pensarlo para cuidarme porque ahora me toca a mí, igual que cuando le toca a él alguno de sus dolores de espalda, yo rápidamente dejo de lado lo mío para ayudarlo a vestirse para aliviar su dolor.

Entonces, deben darse espacio para desarrollar sus intereses, de la misma forma que deben poder dejar a un lado esos intereses si uno de los dos necesita ayuda. Es básico. La base de todo esto es el amor. Realmente tienes que querer a la otra persona. Y esa persona con quien elegiste pasar el resto de tus días no sólo tiene que ser tu amante, tiene que ser tu mejor amigo.

> *Esa persona con quien elegiste pasar el resto de tus días no sólo tiene que ser tu amante, tiene que ser tu mejor amigo.*

La individualidad y el "nosotros" también se aplica con el tema de las amistades. He visto a cantidad de personas dejar de verse con amigos queridos porque al casarse lo único que hacen es salir con otras parejas. Salir con otras parejas es divertido, pero, ¿qué pasa si no te cae bien la mujer del amigo de tu marido? Quiere decir que o se dejan de ver con esa pareja o se ven pero tú la pasas mal. Sin embargo, hay una tercera posibilidad: fomentar que cada uno siga teniendo sus amigos. Por ejemplo, si Marcos tiene un amigo que está casado con una mujer que no tiene nada que ver conmigo, entonces él sale con su amigo, pero no salimos en pareja con ese matrimonio en particular, y viceversa. Él tiene sus amigos y yo tengo los míos porque tenemos amistades que hemos hecho a través de los años, que ninguno debe tener que dejar a un lado por haberse transformado en un nosotros.

Tener sueños y metas en común no significa que tienen que tener *todo* en común. Sólo las más importantes, las más grandes.

Si tienen todo en común, hay un problema. Alguno de los dos no está siendo genuino, está mintiendo. Aprendan a distinguir entre lo que tienen en común y lo que no, y apoyen y respétense en el camino. Yo me siento muy bien de haber logrado lo que he logrado con Marcos porque llegar a treinta años de casada con tu segundo marido es una proeza, sobre todo trabajando juntos. Pero no lo podría haber hecho con una mejor persona a mi lado. Ahora sé lo importante que es elegir a un compañero de viaje con quien puedo compartir mis sueños, mis momentos más tristes, mis éxitos y los momentos más felices de nuestras vidas. Si tuviera que hacerlo todo de nuevo, volvería a eligir a Marcos para compartir estos treinta años que pasaron y los próximo treinta que tenemos por delante.

> *Tener sueños y metas en común no significa que tienen que tener todo en común.*

PONLO EN PRÁCTICA Y APLÍCALO A TU VIDA

1. No dejes de lado tu desarrollo personal por estar casada. Esto no sólo te afectará a ti, sino también afectará a tu relación.

2. Mantén la llama encendida con tu pareja y no temas comunicar lo que te gusta y lo que no te gusta.

3. No le temas a pelearte con tu compañero de vida. Simplemente asegúrate de tratar de aprender algo de esa situación para que les sirva para seguir evolucionando como pareja.

4. Asegúrate de que la persona que tienes a tu lado no sólo sea tu amante, sino también tu mejor amigo.

5. Disfruta de ser un "nosotros", pero no pierdas tu individualidad en el camino.

14

Tu familia y tu carrera pueden convivir

Una de las preguntas más frecuentes que me hacen es cómo hice para tener una carrera exitosa y una familia. Muchos creen que sólo puedes tener una de las dos cosas, que no es posible tenerlo todo. Pues, estoy acá, presente, para decirte que sí lo puedes hacer. Soy testigo de que es posible porque yo lo logré. No es un camino fácil, pero ningún camino que valga la pena lo es. Requiere sacrificio y trabajo duro, a veces terminas agotada, pero al final vale la pena. Tener una carrera exitosa te permite cuidar a tu familia de la mejor manera posible. Y tener a una familia te regala el amor y el apoyo que una carrera no te pueden brindar. Porque al final del día no puedes abrazar una carrera.

> *Al final del día no puedes abrazar una carrera.*

Esta frase que tanto uso nació años atrás en una conversación que tuve con Sara Castany, una amiga y la directora de *Vanidades*. Un día me dijo: "Matusi, ¿pero cómo tú vas a volver a empezar con otra barriga ahora cuando Titi ya tiene ocho años? ¿Sabes lo que es empezar de cero de nuevo, con otra barriga, con niñitos chiquitos, cuando ya la tuya está criada? Disfruta tu nuevo matrimonio, no seas bruta". Y lo que me nació responderle fue: "Mira, Sara, cuando seas más grande y te jubiles, no podrás abrazar a una carrera. La carrera es una cosa, no es un persona. Y necesito tener amor en mi vida, de hijos, de nietos, yo necesito familia". Vengo de una familia muy grande. Somos cinco hijos, yo soy la mayor, tengo muchos primos y tenía claro que una de mis metas era tener mi propia familia, y así fue.

Querer formar una familia no significa que tienes que dejar de lado tu carrera. Es posible encontrar un balance si encuentras una buena pareja con quien compartir las responsabilidades, logras eliminar la culpa por querer hacer ambas cosas y comprendes que sí se puede hacer todo, simplemente no a la misma vez.

Tus sueños y tu familia

Sea que tengas marido, marido e hijos o estés soltera, es bien importante perseguir tu sueño como mujer. No lo dejes a un lado al casarte o al tener hijos. Pueden convivir. Piensa en esto: a ningún hombre le preguntan en una entrevista si se va quedar en la casa cuidando a los niños. A los hombres los crían para perseguir sus sueños, y eso es lo que hacen, con o sin familia. Las mujeres deben hacer lo mismo. Cumplir tus sueños y tus metas también repercute de manera positiva en tu familia porque estarás feliz con tus logros y podrás usar esos logros para brindarles más posibilidades y cuidado a tus seres queridos.

A los niños hay que enseñarles con ejemplos, no con palabras. Al seguir adelante con mi carrera mientras criaba a mis hijos, ese fue el ejemplo que les di a ellos. Y ahora, mis dos hijas también tienen familias y carreras porque vieron que sí es posible. Por otro lado, con Marcos hemos logrado mantener nuestro matrimonio fuerte y unido al punto de que este año estamos cumpliendo treinta años de casados, algo bien difícil y ni hablar dentro de mi profesión. Eso también es otro gran ejemplo para nuestros hijos sobre cómo elegir una pareja y mantenerla a través de los años. La manera en que lleves tu vida le servirá de ejemplo a tus hijos. ¿Acaso no te gustaría que tus hijos persigan sus sueños y tengan una familia? Demuéstrales que se puede por medio de la acción.

> *La manera en que lleves tu vida le servirá de ejemplo a tus hijos.*

Claro está, para llevar adelante una carrera y una familia, tu pareja tiene que estar dispuesta a compartir las responsabilidades y apoyarte en el camino. En el caso de mis hijas, Titi y Stephanie, ambas tienen maridos que cocinan riquísimo. El mío también cocina delicioso, por suerte, porque el arte de cocinar, definitivamente no es lo mío. Como dice Marcos: "Las mujeres en mi familia son flojas para la cocina". Hasta mi hijo Jon Marcos cocina. El hecho es que al tener una carrera e hijos, es importante que la pareja se complemente y ayude: mientras uno cocina, el otro recoge; mientras uno lava la ropa, el otro la dobla y la guarda, y así sucesivamente. Lo importante es tener en la pareja una persona que entienda y apoye tus esfuerzos. Y esto vuelve al mismo punto que no me canso de repetir: tienes que elegir bien a tu pareja. No elijas una pareja pensando sólo en el presente. Tienes que pensar en los sueños y en el futuro que él desea y si van de la mano con los tuyos. En otras palabras, tienen que ir en la misma dirección, si no, se les hará muy difícil llegar a treinta años de casados, se los aseguro.

Acá va otro secreto para combinar tus sueños con tu familia: igual que escoger a un buen compañero de vida, también debes aprender a escoger e invertir en una excelente niñera. Una de las cosas buenísimas de los hispanos es que tenemos tremendas familias, y sabemos que podemos contar con parientes cercanos y lejanos, las abuelas, las tías, las amigas de toda la vida, para ayudarnos a cuidar a nuestros hijos. Toda mujer profesional que cuente con una familia tan amplia, donde se integran los parientes lejanos y las amistades de toda la vida, tiene en sus manos una joya enorme de amor y apoyo incondicional. Si este es tu caso, aprovéchalo y agradécelo todos los días, porque no todo el mundo goza de tal lujo.

Sin familia cerca, se vuelve más difícil, pero no es imposible. Simplemente tienes que indagar un poco en tus círculos sociales para que te recomienden una buena niñera. Busca dos o tres opciones y entrevístalas. Te sugiero que vayas a hablar con ellas a sus casas, ya que ver cómo viven te puede decir mucho de la persona. Una vez que elijas la mejor candidata para tu familia, dale un tiempito de prueba para ver cómo se lleva con tus hijos.

Ten en cuenta que, generalmente, la persona que cuida a tus hijos ha tenido que dejar a sus propios hijos con otra mujer en su país de origen para poder llegar acá a buscarse la vida y brindarles la ayuda que necesitan. Esta cadena que se forma es el ejemplo más bello de cómo yo concibo el feminismo: dos mujeres ayudándose mutuamente para sacar a sus familias adelante. Una tiene dinero, la otra está aquí en Estados Unidos porque necesita dinero para mantener a su familia, pero son como hermanas porque las dos están haciendo exactamente lo mismo. Cuando Titi era chiquitica, hice un trato con una señora colombiana: como ella cuidaba a su nieto para que su hija pudiera trabajar, yo empleé a su hija en la revista, contraté a la señora y dejé que se llevara a su nieto a mi apartamento, donde los cuidaba a él y a mi hija. Así nos ayudamos y salimos todas ganando.

No te digo que todo este proceso sea fácil. No lo es para ninguna mujer. Yo sé que a Stephanie y a Titi se les hace el corazón una paja y se mueren cuando les toca la primera vez que tienen que dejar a sus hijos en un lugar para que los cuiden, o la primera vez que los dejan en el preescolar o la primera vez que tienen una niñera en la casa y no la conocen. Y no importa cuánta plata tengas o ganes, todas nos morimos en ese momento, yo también me morí. Cuando tuve a Titi, no tenía dinero, así que la ponía en un cesto, me comía un sándwich en mi carro —porque no tenía tiempo para almorzar ni cenar— para poder dejarla donde me la cuidaban y luego volvía a la empresa a hacer mi trabajo free lance de por la noche.

Si no tienes acceso a una buena niñera, hay otras alternativas. Una de mis hijas, quien por suerte pudo tomar seis meses de licencia por maternidad, cuando le llegó la hora de volver a trabajar, buscó la mejor guardería para dejar a su hijo. Antes de elegir una guardería, asegúrate de hacer la investigación necesaria para ver cuál es la que mejor satisface tus necesidades. Busca en línea lugares con reseñas positivas, pide recomendaciones a otros padres. Luego, visita varios lugares para escoger la que más te guste. Nuestra hija hizo esto y ahora el niño está a gusto y ella está tranquila.

Hay diferentes soluciones y combinaciones que uno puede encontrar cuando no tiene plata ni tiene familia cerca. Tienes que ser flexible, creativa y mantenerte abierta para poder ver las diferentes opciones. Hay veces que tienes las cosas delante de tu nariz, pero no las ves. Abre los ojos y fíjate en todo lo que está a tu alcance. Si lo haces, alguna solución vas a encontrar.

¡Infórmate!

Ve a Internet y busca opciones de cuidado para tu hijo en tu ciudad. Al hacer una búsqueda general, encontré este sitio web llamado Baby Center que quizá te pueda servir para informarte más sobre el trabajo y el embarazo, así como otros temas relacionados a los bebés: espanol.babycenter.com/c900049/trabajo-y-embarazo.

La mayoría de las mujeres de hoy en día son mujeres profesionales, de carrera, porque con cómo está la economía del mundo, ambas personas de un matrimonio tienen que trabajar para apoyar a su familia. Son pocas las mujeres que se pueden quedar en la casa y no trabajar. Si eres parte de la mayoría, recuerda que buscar un buen lugar que cuide a tu hijo y te deje tranquila es una gran inversión porque te da el espacio necesario para poder echar pa'lante, subir en tu carrera y, así, cumplir tus sueños y brindarle el mejor apoyo a tu familia.

Elimina la culpa y el resentimiento

Yo nunca sentí culpa ni me arrepiento de tener una carrera y una familia, pero como el machismo es tan prevalente en América Latina, el sentimiento de culpa y resentimiento sigue siendo un problema para la mayoría de las mujeres latinas de hoy en día.

DE ESO NO SE HABLA

En el transcurso de mi vida he experimentado mucha roña, y creo que nunca se me ha quitado esa roña con el machismo, no contra los hombres, sino contra el machismo. Ahora, la primera vez que sentí el verdadero machismo, ese que parece ser increíble, fue en un viaje a Marruecos hace cinco años. Compré un tour de esos que son como de ensueño, como de las mil y una noches, increíble y, al llegar, nos esperaba nuestro guía y chofer para llevarnos al primer destino. El guía, que parecía Aladino, no me hablaba. Me daba la espalda. Yo le comentaba todo lo que quería hacer, súper entusiasmada, y ni me miraba. Caminé a su alrededor y le hablé directo en la cara pidiéndole que no me faltara al respeto de esa manera, y ni siquiera acusaba recibo de mi existencia. Nunca en mi vida había sentido el machismo así, en la piel, en mi cara. Estaba ahí pintada, invisible.

El machismo de nuestros países no es tan evidente como el que sentí en Marruecos, pero sigue existiendo. He luchado contra esa invisibilidad toda mi vida, pero las mujeres de hoy en día parecen haber dejado de luchar. El problema del presente es que las jóvenes están demasiado preocupadas por la talla de su busto, por cómo lucen en traje de baño, por no engordar, por no envejecer y por casarse con alguien que les vaya a resolver el problema, en vez de aprender a resolvérselos ellas mismas. Todavía se encuentran trabadas ahí. Han sido muchas generaciones que se han criado con este comportamiento, y todavía falta lograr eliminarlo del todo.

Sin embargo, la realidad de la economía de este siglo XXI en el que vivimos es que para que una familia pueda mandar a sus hijos a la universidad, para que puedan tener dos automóviles, para que puedan darse lujos, los dos tienen que salir a trabajar. En mi época, la bronca grande era entre las mujeres que trabajaban y las que se quedaban en sus casas. Nosotras éramos malas madres, malas esposas, malas en todo, mientras que ellas eran virtuosas y buenas en todo porque estaban en sus casas criando a sus niñitos.

Ahora esa bronca prácticamente no existe, pero sigue habiendo un problema esencial: todas nosotras, las mujeres que criamos a los hombres y las mujeres del futuro, tenemos una responsabilidad muy grande, y es que debemos criarlos libres del machismo. Este cambio tiene que surgir en nuestras familias para que finalmente se vea reflejado como debe ser afuera, en el mundo entero. Y para lograr esto, volvemos a lo fundamental: tienes que elegir muy bien a tu compañero de vida. Escoge a alguien que esté dispuesto a apoyarte, alentarte, respetarte, ayudarte e inculcarle eso a tus hijos, porque la persona equivocada no sólo puede hacerte sentir culpable, sino que le puede enseñar estos sentimientos de culpabilidad y resentimiento a tus hijos.

Cuando ambos padres tienen una carrera, el reto mayor es no sentirse culpable con respecto a sus hijos. Tus niños pueden sentirse abandonados cuando te vas a trabajar o si te has divorciado, y te lo hacen sentir. En vez de permitir que te carcoman la culpa y la angustia, asegúrate de mostrarles y recordarles que estás presente, que aunque vayas al trabajo, siempre vuelves, y saca fotos de todo lo que hagan juntos. Puede sonar como un consejo extraño, pero no sabes lo que me ha ayudado con mis hijos. Cuando Jon Marcos me dice cosas como: "Ay, me acuerdo cuando mi abuela me llevó a cortarme el pelo por primera vez", en vez de sentirme mal y tratar de convencerlo de que no fue así, lo que hice fue mostrarle una foto y responderle: "No, mi amor. Este fue tu primer corte de pelo. Tenías seis meses, estabas en casa y yo fui la que te lo cortó". Muchas veces se olvidan de todas las cosas que sí hicieron contigo, así que no dudes en mostrarles las fotos para recordárselos.

Otra manera de lidiar con este posible resentimiento de tus hijos es hacerles entender por qué tienes que salir a trabajar; eso lo puedes lograr de la siguiente manera: en primer lugar, asegúrate de que tu trabajo sea un asunto familiar. Y segundo, recuérdales que con este gran esfuerzo que estás haciendo se verá beneficiada toda tu familia.

> *Asegúrate de que tu trabajo sea un asunto de familia.*

El negocio es de la familia

Cualquiera que sea tu trabajo, siempre asegúrate de que tu trabajo sea un asunto de familia, como hicimos nosotros. Al manejarlo de esta manera, tu familia entera podrá comprender que lo que haces, lo haces por ellos también, y sentirán que al apoyarte están aportando su granito de arena para el bien común de todos ustedes. Al volverse un esfuerzo familiar, el resentimiento que puede tener tu hijo o tus propios padres por lo duro que trabajas será muchísimo menor.

Siempre les dijimos a nuestros hijos que este negocio que tienen sus papis es nuestro, es un negocio de familia, y lo apoyamos con acción. Por eso peleo tanto por las causas gay y en contra del sida. Mi hermano y hermana son gay, y gracias a Dios, me tocó en persona, porque eso me llevó a educarme. Cuando en el programa decidimos hacer casamientos gay, lo hicimos antes que nadie, antes que Oprah Winfrey, antes que Barbara Walters, antes que nadie. Como reacción a ese programa, 1.500 fundamentalistas cristianos salieron a la calle a protestar. "Cristo sí, Cristina no", decía uno de sus carteles. Entre todo ese tumulto, se me acercó mi hijo y me preguntó: "Mami, qué es gay?". Y le respondí: "Es como ser rubio o trigueño, tener ojos claros u oscuros, ser alto o bajito". Y me dijo: "Ah, ¿eso es todo?". A lo que le contesté: "Sí".

Sin embargo, antes de grabar el programa, reuní a toda mi familia y le pregunté: "¿Están de acuerdo con este programa que voy a hacer?". Me contestaron que sí, que era un asunto de familia, que me apoyaban y que tenía razón en hacerlo. Para mí eso fue muy importante porque ellos sufrían también las consecuencias de toda la gente haciendo piquete en mi contra. Me hacía pensar en cómo se sentirían mi papá y mi mamá, que eran unos viejos cubanos súper católicos, o cómo se sentían mis hijos en la escuela cuando los insultaban por lo que yo hacía en el show. Pero, al hacerlos participar en la decisión sobre el programa, éramos todos un frente unido luchando por la misma causa. Uno tiene que luchar por lo que cree, y en este negocio tan público era esencial tener el apoyo de mi familia y hacerles saber que el negocio también les pertenecía a ellos.

Tu carrera beneficia a tu familia

Si te pones a pensar en el asunto, toda tu familia se beneficia de tu carrera, no sólo tú. Es más, la posibilidad de poder ayudar a tus seres queridos por trabajar así de duro, ¿cómo te puede generar culpa? Al contrario, ese gran esfuerzo que tú haces le abre el camino a tus hijos para que puedan cumplir sus sueños y te da la oportunidad de brindarle lo mejor a toda tu familia.

En muchas familias los muchachos tienen sueños, pero no tienen la oportunidad de estudiar para cumplir esos sueños. Las cosas han cambiado mucho desde que yo era jovencita al día de hoy, como la economía, por ejemplo. Hoy en día, si ambos miembros de la pareja no tienen trabajo, se hace muy difícil ganar lo suficiente para poder pagarles una buena escuela o la universidad a los hijos. Es clave hacer todo lo posible para ayudar a que la juventud pueda educarse y perseguir sus sueños porque ellos son nuestro futuro.

Por suerte, hoy en día existen maneras de ahorrar para los estudios de tus hijos desde que son pequeños. Puedes abrirles un *college fund* (fondo universitario) cuando son niños para empezar a ahorrar para sus estudios universitarios. Pon lo que puedas por mes en esa cuenta, así, cuando tus hijos estén listos para ir a la universidad, ya tendrán algo con qué estudiar y arrancar. Hay que tener cierta disciplina, pero se puede lograr. Por otro lado, si tu hijo tiene un talento en particular o le va muy bien en la escuela, tendrá un abanico de becas a su alcance. También existe la ayuda financiera para los residentes de cada estado. Todo es posible si te lo propones y tomas acción al respecto.

El haber trabajado tan duro nos abrió la posibilidad de brindarle la mejor educación a nuestros hijos. Cuando llegó la hora de que cada uno de ellos fuera a la universidad, tuvimos el lujo de poder pagarles esa educación para que ellos estudiaran lo que desearan y se encaminaran para cumplir sus metas y sueños. Es

¡Infórmate!

El Hispanic Scholarship Fund (www.hispanicfund.org) es una de las varias oportunidades que existen para ayudar a financiar los estudios universitarios de tus hijos. Pídele más opciones al consejero en la secundaria de tu hijo o busca más información en Internet.

más, gracias a los sacrificios que yo hice al trabajar y hacer lo que tenía que hacer, pude cuidar a mis padres cuando se pusieron viejitos, pude ocuparme de ponerle enfermeras y cuidar a mi madre cuando le dio la enfermedad de Alzheimer, y pude buscarle los mejores médicos a mi hijo cuando lo diagnosticaron como bipolar.

El secreto está en recordar para qué estás trabajando. Tenlo clarísimo. Al trabajar, no le estás quitando nada a nadie, estás añadiendo al bien común de la familia. Recuérdalo en todo momento, pero en especial cuando sientas que te empieza a invadir la famosa culpa. Tenlo claro. Tú trabajas para sacar adelante a tu familia, y todos, si no es que ya te lo agradecen, te lo van a agradecer un día.

> *Al trabajar, no le estás quitando nada a nadie, estás añadiendo al bien común de la familia.*

Emplear y trabajar con amigos y familia

Mucha gente dice que no cree en contratar a amigos o familia, pero no estoy de acuerdo. Tienes que elegir bien a quién empleas, es un balance delicado, pero se puede lograr y puede ser una de las relaciones más fructíferas imaginables. Ser jefe es un trabajo difícil, y serlo de un familiar o un amigo también lo es, pero si tienen buena comunicación y los que trabajan lo hacen bien, se puede llevar a cabo positivamente. Es más, si tú trabajas con un grupo de personas por mucho tiempo, como lo hemos hecho Marcos y yo, te terminas encariñando, se vuelven parte de tu familia. Si pasas muchas horas en el trabajo, llega un punto en que ves a tus empleados y colegas más que a tus mismos hijos, entonces es inevitable que se cree un lazo más profundo entre ustedes.

Hoy en día, las cosas que le afectan a nuestra gente nos afectan a nosotros, y si tenemos la posibilidad de ayudarlos, no lo dudamos ni un instante. Ese instinto que proviene del cariño, a su vez crea una lealtad que ayuda enormemente a la relación de trabajo. A los empleados que invierten en sus carreras y tienen metas y pasiones los considero compañeros de trabajo, no empleados. Compartimos sueños similares, nos tenemos cariño y nos cuidamos las espaldas… son como mi familia. Jorge Insua lleva trabajando con nosotros más de veinte años y, hoy en día, yo no lo veo como un empleado más, ni siquiera es un amigo, para mí es como un hijo. Compartimos nuestros pesares y alegrías y nos apoyamos en todo. No subestimes esas relaciones de trabajo porque muchas se vuelven amistades de por vida.

Y en cuanto a mi familia y amigos, claramente tengo muchos y no puedo contratarlos a todos porque no todos tienen las ganas ni la capacidad para trabajar en esta industria. Pero, si ves que tienes familiares o amigos que sí tienen potencial para un puesto, que son prudentes, que no son abusivos, con quienes es fácil la comunicación abierta, ¿por qué no contratarlos? Si la comunicación es clara y las ganas están, funciona. Por ejemplo, mi hermano Iñaki es mi asistente y trabaja con nosotros todos los días. Aparte de ser una persona excelente y un gran ser humano, es un trabajador increíble y compartimos la misma ética de trabajo. Mi prima Maritere, igual. Por eso insisto en que no les cierres las puertas a tu familia y amigos porque algunos pueden resultar estupendos como compañeros de trabajo.

Otra cosa que quisiera que todos tuviéramos presente al contratar a empleados nuevos es no discriminar a la gente por su edad. Hay muchas personas que quizá no sean las más jovencitas para el trabajo, pero no olvides que la edad trae consigo muchísima experiencia invaluable. Marcos, por ejemplo, tiene una contadora que le lleva los libros, que tiene ochenta y cinco años y no usa una computadora —Luisa, valga decir, era nuestra amiga antes de volverse nuestra contadora—. Todo lo hace a lápiz, a lo antiguo, y es mejor que muchos dentro de su rubro. Aparte de ser sumamente competente en lo que hace, Marcos la quiere como a una mamá y cuando Marcos habla con ella, esta señora muchas veces le da unos consejos de vida magníficos. ¿Por qué? Porque tiene años de experiencia. Así que, a la hora de contratar a personas, también ten en cuenta a tus familiares y amigos, pueden transformarse en unos compañeros de trabajo estupendos.

¿Se puede tenerlo todo?

Yo lo que les digo a las mujeres que quieren tener una carrera y una familia es: sí se puede. Puedes tenerlo todo, pero no al mismo tiempo. La vida es una serie de etapas y, para lograr hacer todo lo que te propones, tienes que ajustarte a cada etapa. Si haces esto, al final del camino podrás mirar hacia atrás y decir que sí lo pudiste tener todo. Por ejemplo, hoy en día una de las cosas que más disfruto son las visitas de mis hijos con mis nietos. Ayer vino a casa mi hija con mis nietos, trajo una docena de *sticky buns* ¡y nos los comimos toditos! Antes no me era posible compartir momentos como ese porque estaba trabajando y estaba a dieta para mi programa, pero ahora pude gozar de comer estas delicias junto a mi familia y disfrutar cada instante.

> *Puedes tenerlo todo, pero no al mismo tiempo.*

En la vida hay que tomar muchas decisiones difíciles. En cualquier carrera que tú hagas siempre hay un precio a pagar. Siempre va a haber un cumpleaños que te perdiste, cosas que hay que cambiar de fechas, eso ocurre en todas las carreras, pero mucho más para las mujeres que para los hombres porque vivimos en un mundo machista. Todo tiene un precio o requiere de un sacrificio, lo importante es averiguar cuál es para enfrentarlo y sacártelo de encima cuanto antes. Así podrás pasar a la siguiente etapa y estarás más cerca de tu sueño principal.

Un día, hace muchos años, cuando nuestros hijos eran adolescentes, Marcos entró a la habitación de Jon Marcos y los encontró a los tres hablando entre ellos sobre qué iban a hacer para superar el éxito de sus padres. Esto era cuando mi programa estaba en la cima y estábamos ambos en un punto altísimo en cuanto a nuestro éxito, con el show súper pegado. Los notó preocupados, así que se sentó con ellos y les explicó que la meta de nosotros es que ellos escojan lo que quieren hacer en la vida y que sean felices con lo que elijan. Nosotros no les estamos imponiendo que tienen que hacer una u otra carrera o seguir nuestros pasos, porque cada uno tiene su vocación. Y les aseguró que nosotros estaríamos muy orgullosos de lo que cada uno hiciera y lograra en sus vidas, sin importar cuál carrera escogieran. Les explicó que a ellos les tocaba vivir sus propias vidas, esa era nuestra meta, eso es lo que nosotros queríamos para ellos. Para eso trabajamos tan duro, queríamos que ellos tuvieran la oportunidad de seguir sus propios sueños, y nosotros poder respaldarlos en el camino. Y así fue. Ahora tenemos unos nietos divinos y nuestros hijos ya son como amigos. Compartimos consejos, tristezas y alegrías, y tenemos momentos en familia bellísimos. Y ese es uno de los frutos más importantes de lo que sembramos al decidir tener una familia y una carrera.

PONLO EN PRÁCTICA Y APLÍCALO A TU VIDA

1. No dejes a un lado tus sueños por casarte o tener hijos. Pueden convivir.
2. La manera en que llevas tu vida le servirá de ejemplo a tus hijos.
3. Busca una buena opción de cuidado para tus hijos, es una de las mejores inversiones que puedes hacer en ti y tu familia.
4. Muestra a tus hijos que tu negocio también es de ellos y explícales cómo se verán beneficiados de todos tus esfuerzos, para así eliminar la culpa y el resentimiento que puede generar tener una carrera y una familia.
5. Ten siempre presente que sí se puede tenerlo todo, sencillamente no al mismo tiempo.

15

No hagas la vista gorda ante las enfermedades mentales

C uando no te sientes bien físicamente, vas a un médico para que te ayude a sanarte. Bueno, con la mente pasa lo mismo. Por ejemplo, si eres una persona generalmente positiva y de pronto encuentras que no tienes ganas de hacer nada, te sientes triste todo el tiempo, no paras de llorar, probablemente estés deprimida. Si esta sensación perdura por muchos días seguidos, busca ayuda profesional. Es importantísimo no ignorar estos síntomas ya que se pueden volver una situación de vida o muerte. Acude a un psicólogo o psiquiatra para que te ayude a descubrir la raíz del problema, y así poder solucionarlo.

¡Infórmate!

Tanto los psicólogos como los psiquiatras deben tener una licenciatura y maestría en Psicología; sin embargo, los psiquiatras le deben agregar a esto hasta siete años de estudios médicos. Por ende, los psiquiatras, a diferencia de los psicólogos, pueden recetar medicamentos a sus pacientes.

Como la mayoría de la gente, yo también he pasado por depresiones, pero en general no son por razones similares a los demás. Por ejemplo, yo no me deprimo por la plata. Marcos me regaña, pero para mí el dinero de alguna manera siempre vuelve a llegar, la falta de plata no me preocupa como le puede preocupar a muchos, como le puede preocupar al mismo Marcos. Pero cuando perdí mi trabajo fue otra cosa. Pasé veintiún años en un lugar que yo consideraba mi hogar. Las personas con quienes yo trabajaba eran como mi familia, la empresa que me empleaba era como mi familia. Entonces, que entren personas nuevas a esta familia y me traten tan mal y cancelen mi trabajo de veintiún años de un día para el otro, bueno, eso sí que me movió el piso. Me deprimí muchísimo, al punto de que busqué ayuda. Me fui a ver con un psiquiatra.

DE ESO NO SE HABLA

Ir a terapia no equivale a estar loco. Debemos cortar con esta creencia. Todos necesitamos ayuda alguna que otra vez en nuestras vidas para organizar nuestros pensamientos y comprender nuestras emociones. No le temas a la terapia. Puede ser un apoyo invaluable cuando más lo necesitas. He hecho cantidad de terapia a través de mi vida. Y a cada una, a cada experiencia, a cada sesión, le saqué alguna lección o aprendizaje que me ayudó a llegar a mis propias conclusiones de lo que me estaba ocurriendo, y así pude seguir mi camino.

La terapia ayuda, así como ayuda la actividad. Si te sientes triste o deprimida, levántate, vístete y sal a caminar. Come bien. Despeja tu mente y busca hacer cosas que te hagan bien al espíritu. Trata de no alimentar la depresión, intenta cortar este ciclo de tristeza. Y, te lo digo otra vez, si ves que nada de lo que haces te hace sentir mejor, busca ayuda profesional.

Aparte de estar atenta a lo que te pasa a ti con tus emociones y pensamientos, es también esencial que le prestes atención a cada miembro de tu familia. Mi madre tenía la enfermedad de Alzheimer y no me di cuenta hasta después de que falleció mi padre, quien lo tenía encubierto. Y mi hijo Jon Marcos es bipolar, pero tuvimos que llegar a un extremo que no le deseo a nadie para comprender que necesitaba ayuda. No ignores los síntomas. Si algo no anda bien contigo o un ser querido, vuelvo y repito, busca ayuda profesional.

La que continúa es la historia de mi hijo Jon Marcos y un desorden mental que estaba desarrollándose delante de nuestras narices y ni cuenta nos habíamos dado. Mi meta al compartir esta historia familiar tan íntima es que aprendas a detectar si algo no anda bien contigo o un ser querido, y que no tengas miedo de pedir ayuda. Quiero que rompamos el estigma que conllevan las enfermedades mentales. No debemos sentir vergüenza si sufrimos un problema de salud mental porque son igual de comunes que otras enfermedades, pero a veces más difíciles de diagnosticar. Sin embargo, con el apoyo de la medicina de hoy en día más un buen equipo profesional, es posible vencer el miedo y encontrar la mejor solución disponible.

Los momentos más amargos de mi vida

Jon Marcos era el niño dorado de la familia. Era tan extrovertido, simpático, inteligente, carismático y bonito que me lo pedía todo el mundo para hacer comerciales. Nunca fue un niño común y corriente. Siempre ha sido una persona extremadamente observadora y sensible. Por ejemplo, cuando empecé en la televisión, la gente me mandaba muchas flores, arreglos florales de hasta $500. Eran inmensos, todos de flores cortadas. Y Jon Marcos un día me preguntó: "Mami, ¿por qué a ti te gustan las cosas muertas?". Lo miré y le dije: "¿Muertas?". Y me respondió: "Esas flores todas están muertas, hasta apestan. ¿Por qué tú no les dices que te manden flores vivas?". Cuando me dijo eso sólo tenía cinco años, y le hice caso. Desde ese momento en adelante, siempre pedí que me enviaran flores vivas, con raíz, en especial orquídeas. También fue Jon Marcos quien le preguntó a Marcos un día en el carro yendo para Miami Beach: "Papi, ¿de qué murió papá Dios? Porque nadie muere de un par de clavos en las manos". Era ese tipo de niño curioso que hacía preguntas insólitas que no correspondían con su edad. Siempre estuvo muy adelantado.

Al principio, Marcos y yo trabajábamos muy duro, sin parar, con el programa diario en la televisión y el sinfín de cosas que hacíamos para seguir adelantando nuestras carreras. Jon Marcos se crió con dos padres muy trabajadores. Esto no era algo que lo hiciera sentir demasiado contento, y me lo hizo saber en más de una ocasión. Por ejemplo, de niño, cuando me veía con el maquillaje puesto para ir a trabajar, me miraba y me decía: "No busco a Cristina, quiero a mi mamá". Nosotros a Jon Marcos le decíamos *truth serum* (suero de la verdad) porque no puede mentir. Otra vuelta, ya con dieciséis años, se me acercó y me dijo: "Yo no tengo una mamá. Mi mamá es un vegetal en una olla de presión, no tengo una madre".

Las cosas pasan por algo. En la misma época que me dijo esto de la olla de presión, se produjo un cambio en mi vida laboral que ahora sé que fue lo mejor que podría haber pasado en aquel entonces. Ese año me llamaron de Univision y me dijeron que, con el pasar del tiempo, *El Show de Cristina* se había encarecido mucho. En este momento todavía estábamos haciendo un show diario, de lunes a viernes. Entonces, nos propusieron quitar el show diario y hacerlo sólo una vez a la semana. Aceptamos, y el momento no pudo haber sido más oportuno.

Me había dado cuenta de que a los dieciséis años, Jon Marcos estaba atravesando algo que requería que le diéramos más atención y estuviéramos más presentes en su vida diaria. Ya no alcanzaba con llevarlo a Disney o llevarlo a Los Ángeles en un viaje de trabajo. Sentí que debía pasar más tiempo en casa con él, pero nunca me imaginé que, a sólo tres años de aquel momento, nuestras vidas explotarían como aquella olla de presión a la que él se había referido.

Él tenía una novia bella —a quien yo le decía *fairy princess* porque era muy bella, con el pelo rojo hasta la cintura— y era de Texas. Fueron novios como por cinco años —con la ayuda de Internet pudieron mantener esa relación a larga distancia—. Pero un buen día su novia lo dejó por otro tipo que vivía en Texas, y ese fue el evento que hizo que en Jon Marcos floreciera algo extraño, que en realidad había llevado adentro desde siempre.

Mi papá era bipolar, pero en Cuba en aquella época a eso se le decía maníaco-depresivo, y no se le prestaba mucha atención. Sabíamos que mi papá tenía picos donde sentía que podía conquistar Arabia y bajos donde la tristeza lo carcomía, pero no sabíamos que era una enfermedad mental que se podía tratar.

Pensamos que era parte de su personalidad. En retrospectiva, ahora me doy cuenta de que yo vi las señales en mi propio padre sin saber qué significaban. Una vez, a mis diecisiete años, le dije a mi papá: "Me siento muy mal. Me gustaría ir a ver un psiquiatra". Y él me contestó: "Niña, con lo mal que me siento yo, si aquí hubiera dinero para ir a un psiquiatra, el que iría soy yo, no tú". Los cambios de humor de mi papá eran increíbles. En su caso, nunca se quiso matar, pero siempre decía que se quería morir.

Jon Marcos tenía síntomas parecidos en cuanto a los cambios de humor y, además, tenía muchas fobias sociales, pero no las vi como algo extraño porque pensé que eran fobias sociales que había heredado de mí. Por ejemplo, no tengo un teléfono celular, no me gusta hablar por teléfono, no me gusta que me encuentren. Además, soy claustrofóbica. Los elevadores me dan pánico. Jon Marcos no resiste que se le ponga mucha gente alrededor. Sin embargo, cada niño trae su personalidad y cada uno es distinto, y yo atribuí su comportamiento a eso.

Una noche, Marcos y yo estábamos participando en uno de los primeros eventos que se llevarían a cabo ese fin de semana para celebrar la línea de Casa Cristina en Miami. Habíamos reservado en el hotel más elegante de Coral Gables, habíamos invitado a todos los presidentes de las compañías pertinentes y estábamos todos ahí reunidos celebrando la línea con eventos y seminarios. En un momento, miré a Marcos y me di cuenta de que algo andaba pasando, pero no me dijo nada. Cuando terminó ese evento, nos montamos en el carro y Marcos me dijo: "Mati, me acaban de llamar para avisarme que Jon Marcos se trató de matar". No comprendía lo que me estaba diciendo. ¿Matar cómo? Porque a la gente que se trata de suicidar la había conocido en *El Show de Cristina*, pero no formaba parte de mi vida íntima y familiar. Cuán equivocada estaba.

Jon Marcos se había metido en su carro y había ido al piso número cinco de un estacionamiento, donde se encontró contemplando si tirarse o no. Cuando se dio cuenta de lo que estaba pensando, dio vuelta en el carro y manejó hasta el hospital y se internó él mismo. En medio de todo esto, nosotros estábamos a cargo de toda la gente en aquel hotel y teníamos que llevarlos a una fiesta cubana, y bailar con ellos y darles de comer. Tenía a mi hijo internado en el hospital porque se había tratado de matar, y yo tenía que ir a bailar con esta gente porque estaba a nuestro cargo.

Al amanecer del otro día me encontré con mi hermano Iñaki en la entrada del hospital. Estaba ahí, esperándome y llorando desconsoladamente. Recuerdo que la puerta del piso de los enfermos mentales era de acero, supongo que para que la gente con desórdenes mentales no se pueda escapar fácilmente. Cuando vi a mi hermano en ese estado, le dije: "¿Qué lloradera es esta?". Agarré el toro por los cuernos y toqué el timbre. Necesitaba ver a mi hijo. Cuando se abrió la puerta, le dije a la señora en la entrada que era la mamá de Jon Marcos y venía a pedir que lo soltaran. Según lo que yo entendía, al no ser mayor de edad, no lo podían mantener ahí sin mi consentimiento. Pero la enfermera me dijo:

—Cristina, yo quiero que tú pienses bien lo que estás pidiendo porque tu hijo está muy malito.

—Mi hijo no está malito, vive conmigo, él está bien —le respondí, agitada.

—Fíjate si está malito, que él vino solito —me dijo la señora.

A todas estas, ella no me lo podía entregar. Tuve que ir a la oficina del psiquiatra del hospital. Ahí el psiquiatra me dijo que parecía que Jon Marcos era bipolar y estaba pasando por un episodio bien fuerte que se disparó por la crisis que tuvo con la novia. Sin embargo, él ya venía sufriendo esta enfermedad desde antes.

Después de que se terminó la relación entre ellos, él se sumió en una depresión que le disparó este desorden mental. Ese primer intento de suicidio fue sólo el comienzo. En las siguientes semanas, lo encontramos haciendo cosas como esconder cuchillos debajo de la almohada y la chica, preocupada, me hablaba por teléfono a cada rato para pedirme que hiciera algo porque ella creía que él se iba a matar.

Un día, después del primer episodio que tuvo, me senté con él en el jardín de la casa y, mientras mirábamos los peces nadar en sus estanques, conversamos largo y tendido. Su comportamiento hasta ese momento había sido extrañísimo, pero después de hablar lo vi más tranquilo y eso me dejó más tranquila. Pensé que le había hecho bien la conversación porque parecía estarse sintiendo mejor. Sin embargo, cuando entramos a la casa noté que no se fue a su cuarto sino al mío. Me pareció raro, así que lo seguí. Al entrar vi cómo agarraba el frasco de pastillas para dormir mío y de Marcos, y se las metía todas en su boca, tragándoselas sin una gota de agua. Marcos corrió al teléfono y llamó al número de emergencias, 9-1-1, para pedir ayuda. Al ratito aparecieron en nuestra casa policías y una ambulancia, lo pusieron en una camilla, lo esposaron para que no se pudiera hacer más daño y se lo llevaron al hospital, al piso donde internaban a los enfermos mentales.

Ahí comenzó nuestro calvario de hospitales, psiquiatras, medicinas, todo para ver cuál era la mejor manera de tratar la bipolaridad de Jon Marcos. Vivíamos sacándolo y metiéndolo al hospital por diferentes crisis, hasta que comprendimos que necesitábamos buscar una mejor solución. El hospital donde lo internamos en aquel momento era en realidad un hospital normal que sólo tenía un piso dedicado a las personas con desórdenes mentales. Y, en ese piso, muchos de los que iban y venían eran personas de la calle. Los internaban, los tranquilizaban con una inyección y luego los largaban. Era evidente que ese no era un ambiente en donde Jon Marcos lograría mejorarse.

Después de varios de estos episodios, comenzamos a averiguar más sobre la bipolaridad para saber qué hacer con él, dónde llevarlo, cómo ayudarlo. Queríamos comprender qué rayos le estaba pasando a nuestro hijo. Volviendo de un viaje, me encontré en el aeropuerto con Columba Bush, la esposa de Jeb Bush, el gobernador de la Florida en ese entonces, que tenía una hija que había tenido problemas de adicción. Hace muchos años que conozco a Columba, así que le expliqué lo que me estaba pasando con Jon Marcos y enseguida me recomendó un lugar buenísimo en el norte de la Florida, al lado de Orlando, llamado La Amistad. Ahí estuvo Jon Marcos durante un año y medio. Y así, poco a poco, seguimos buscando qué más podíamos hacer para tratar su enfermedad.

Finalmente dimos con un lugar en Harvard, Massachusetts, llamado McLean Hospital especializado en trastornos mentales. Le hicieron a Jon Marcos todos los exámenes habidos y por haber, y pasó unos años internado allá. Nos veíamos cuatro veces al año, y yo me moría, lo extrañaba horrores y tenía que seguir grabando como si nada. Los momentos más amargos de mi vida fueron estos que acabo de describir. Jon Marcos es el bebé de la familia, tan bueno, todos lo adoramos. Por fin, después de todas estas idas y venidas, empezamos a notar un mejoramiento.

El problema se le había ido agravando con los años. Las señales estaban presentes, pero no las supimos reconocer. Quizás si hubiésemos sido una familia más tradicional, estas señales habrían sido más evidentes, pero este no es nuestro caso. Vivimos en un mundo muy creativo, rodeados de personas muy creativas, que son poco convencionales, como artistas, músicos, escritores y periodistas. No son personas que lleven vidas demasiado tradicionales, con trabajos de 9 a 5, como un contador o un abogado. Jon Marcos se crió en este ambiente, y él también era diferente, muy inteligente y creativo, y poco convencional como niño, pero eso no nos pareció extraño. Pensamos que simplemente era excéntrico.

¡Infórmate!

Según el National Institute of Mental Health, alrededor de 26,2% de la población estadounidense de dieciocho años en adelante, tiene algún tipo de desorden mental. Lo cual significa que aproximadamente uno de cada cuatro adultos sufre de algún trastorno mental. El desorden bipolar afecta a alrededor de 5,7 millones de adultos en Estados Unidos.

Nunca nos imaginamos que esto podría ocurrir en nuestra familia. A veces, cuando te enfrentas a un problema tan enorme, puedes entrar en negación y te ciegas a ver lo evidente. Esto es un grave error porque al perpetuar esta negación de una realidad visible, lo único que haces es agravar el sufrimiento de la persona afectada porque le estás también negando la ayuda profesional que necesita para mejorarse.

Al principio yo fui una de estas personas. Lo negaba, no lo quería ver, hasta que la vida me dio una bofetada y no me quedó otra que enfrentar lo que estaba ocurriendo y educarme al respecto. Es importante educarse sobre estos temas y poder reconocer los síntomas cuanto antes para acudir a ayuda profesional. Será lo mejor para la persona sufriendo el problema y para los familiares a su alrededor, que lo sufren de otra manera, pero también necesitan ayuda.

¡Infórmate!

Si quieres averiguar más sobre los diferentes desórdenes mentales y sus síntomas, por favor visita el sitio web de la National Institute of Mental Health: www.nimh.nih.gov/health/publications/espanol/index .shtml.

Marcos y yo decidimos mantener esta crisis familiar callada durante años por varias razones. El dolor era tremendo y no nos interesaba usar esta experiencia para promocionarnos, como lo hacen muchas celebridades. Pero lo más importante de todo es que le queríamos dar la oportunidad a Jon Marcos de pasar por esto en privado para poder sanarse en paz. Cuando finalmente lo sacamos a la luz en un programa en mi canal de radio y en una columna para *People en Español*, primero le pregunté a Jon Marcos si le molestaba que hablara de lo que le había pasado en público. Y me dijo: "No, mami, ellos necesitan saberlo. Ojalá lo hubiésemos sabido nosotros". Él es muy generoso y muy seguro de sí mismo. Muchas otras veces me ha dicho: "Tenemos que ayudar a la gente porque ellos no se dan cuenta de lo mal que están".

La realidad es que no importa si eres rico o pobre, cuando esto ocurre en una familia a todos nos afecta de una manera muy dolorosa y profunda. No sabes lo que es vivir algo como esto hasta que no te toca en persona. Cuando me dijeron la primera vez que Jon Marcos se había tratado de suicidar, mi reacción inicial fue: "No, eso no pasa en casa de Mati. Pasa en *El Show de Cristina*". Pero sí pasa en casa de Mati. Muchas veces tenemos todas las señales frente a nuestros ojos, pero no las queremos ver. Pensé que yo no era así, pero a mí también me pasó. Debemos abrir los ojos y ser más observadores.

> *Muchas veces tenemos todas las señales frente a nuestros ojos, pero no las queremos ver.*

Primero y principal, debemos romper con la idea de que ir a terapia es sólo para "los locos". La reacción inicial, en especial en nuestra comunidad de hispanos, cuando una persona le sugiere a otra que busque ayuda con un psicólogo o psiquiatra, es decir: "Yo no estoy loco". Hay un estigma inmenso con la palabra "loco". Oye, si te duele la barriga por varios días seguidos, ¿acaso no vas a tu médico de cabecera para que te ayude a quitarte el dolor? Bueno, lo mismo ocurre con tu mente. Si pasas varios días seguidos en un estado emotivo extremo o tienes conductas que no concuerdan con tu personalidad, también debes ir a un médico para que te ayude. En este caso el médico se puede llamar un psicólogo, psiquiatra, terapeuta, pero tiene el mismo fin: ayudarte a que te mejores. Y no te estoy hablando sólo de problemas mentales graves. Si te echaron del trabajo, si estás pasando por un divorcio, si falleció un ser querido, todos estos cambios grandes e inesperados en la vida te mueven el piso e ir a terapia casi siempre termina siendo una gran ayuda.

Piénsalo de esta manera: si te duele la cabeza durante varios días seguidos y no tomas nada, es posible que con el tiempo se te quite, pero vas a sufrir el triple que si vas a tu médico y le pides que te dé algo para calmar el dolor. Bueno, si no te sientes bien de ánimo, y acudes a ayuda, posiblemente el tiempo que pases sintiéndote mal también se acortará. La terapia es importantísima. Acéptala en tu vida como una herramienta para procesar grandes cambios y salir triunfando. No tengas miedo de buscar ayuda y hablar de tus problemas con un profesional. La familia, los amigos, aunque tengan las mejores intenciones, no siempre saben cómo ayudar y por eso hay personas que dedican sus vidas a ayudar a los demás con sus problemas. Y cuando ocurre algo como lo que nos pasó a nosotros, la terapia no sólo es necesaria para la persona pasando por el desorden mental, también es clave para la familia que lo rodea. Te da herramientas para lidiar mejor con la situación y eso, a su vez, te brinda la posibilidad de darle un apoyo más sólido a tu familiar.

> *No tengas miedo de buscar ayuda y hablar de tus problemas con un profesional.*

El dolor, la culpa y la crisis posterior

La detonación de este desorden mental en nuestro hijo vino acompañada de un dolor y un peso inmensos. Sentía un dolor diario, dolor de día, de noche, en el trabajo, en casa. Sólo fue dolor durante años. Cuando iba a premiaciones y me preguntaban cosas como, "¿Y cómo te sientes, Cristina, con este reconocimiento?", aunque les sonreía y respondía cordialmente, lo que en realidad sentía era DOLOR. Todo era dolor. Ese sentimiento estuvo constantemente presente en mi corazón durante esos primeros años. Era tan grande y tan profundo que pensé que nunca se me iría, pero cuando vi indicios de mejoría en mi hijo, también finalmente pude ver la famosa luz al final de aquel túnel de dolor.

Sin embargo, con el dolor también viene la culpa. Una de las cosas que tienes que enfrentar y trabajar como familiar de una persona con desórdenes mentales es que no es tu culpa que le esté pasando esto. Muchos quizás niegan el problema de un hijo porque creen que si lo admiten y buscan ayuda, también están admitiendo que algo hicieron mal. No, mi gente. Estas cosas, cuando son trastornos químicos del cerebro, simplemente pasan. No son tu culpa, están fuera de tus manos.

Para ayudarte a lidiar con esta sensación de culpa, infórmate y háblalo con un profesional. Yo sigo trabajando en deshacerme de esta culpa, no es un camino fácil. A mí me cuesta porque yo me veo mucho en él; hay fobias que él tiene que yo sé de dónde vienen. No puedo decir que no sé de dónde vienen, porque son mías. Y sí, yo siento culpa por haberle pasado estas cosas. No es algo fácil de sacudir. Por eso hemos ido a varias sesiones de terapia familiar con él, así como sin él. Es necesario comprender de dónde viene esta culpa y así poder enfrentarla, sacártela de encima y seguir adelante.

Muchas veces, la culpa se presenta en las preguntas que uno se hace después de episodios traumáticos, en especial cuando se trata de tus hijos: ¿Hice lo que pude? ¿Por qué no vi las señales antes? ¿Podría haber hecho algo diferente? ¿Esto pasó porque no estaba en casa y estaba trabajando demasiado? Pero el pasado ya pasó, y los mismos psicólogos te dicen que ya no hay nada más que puedas hacer con el pasado. Al final del día, es un desbalance químico y más nada. Debemos enfocarnos en el presente y el futuro y apoyarlo en todo lo que lo haga sentirse mejor.

¿Recuerdas que en capítulos anteriores te he dicho que sin salud no hay vida? Bueno, esto también se aplica a la salud mental, tanto la del enfermo como la del resto de la familia. Porque si no, todo el estrés y dolor pueden terminar siendo un detonante para otra crisis inesperada. Este fue nuestro caso: mi marido explotó por dentro.

Al principio vivimos un estrés infernal porque no sabíamos qué esperar. La falta de información, la desesperación de ver a nuestro hijo en ese estado mental que lo llevó a no querer vivir… ni puedo explicar lo que te remueve por dentro. No hay dolor más grande para un padre que el dolor que puede sufrir un hijo. Si algo le pasa a tu hijo, eso te mata. Te mata. No importa todo lo que tengas, si pierdes a tu hijo, nada de lo demás vale. El cúmulo de todos estos sucesos llegaron a su punto álgido para Marcos durante una vacación familiar en Disney que hicimos en el otoño de 2008.

En ese viaje, Marcos notó que se le había inflamado un nódulo linfático en el cuello. Fue al médico y le dijeron que era un quiste. Luego, comenzó a tener dolores, se le nublaba la vista y se empezó a preocupar. Fue a muchos médicos, pero nadie daba con el diagnóstico justo. Cada uno le decía que tenía algo diferente y le recetaba alguna pastilla para curarlo, pero nada le hacía efecto.

El único que se dio cuenta de lo que le estaba pasando dentro de mí círculo de amigos fue Don Francisco el día que yo aparecí a un teletón que él había organizado para las víctimas del huracán en Haití y me vio llegar sola. Nunca iba sola a ninguna parte, siempre iba con Marcos. Don Francisco notó esto y le preguntó a uno de mis productores por qué había ido sola. Este le explicó que Marcos no se sentía bien. Y ahí fue que Don Francisco le dijo: "Dile a Marcos que vaya a un psiquiatra. Eso que él está sintiendo es porque está teniendo una crisis nerviosa". Para mí, escuchar esto fue un gran alivio y se lo agradeceré por siempre a Don Francisco. Muchos de afuera creen que entre las personas del mundo del espectáculo no existe la bondad y la generosidad, bueno, Don Francisco es el ejemplo de que sí existe. Él es increíble. Y ese gesto que tuvo con nosotros fue muy especial porque él nos reveló que a través de su vida había pasado por momentos muy difíciles y por eso sabía reconocer lo que le estaba pasando a Marcos. En este mundo, si tú revelas algo tan íntimo, te estás exponiendo a que te coman vivo, por eso agradezco tanto su bondad de espíritu y por eso lo quiero tanto.

Mientras tanto, Marcos volvió a su médico de cabecera de toda la vida y comenzaron de cero. Le quitó todos los medicamentos que le habían recetado los demás doctores, le hizo análisis y llegó a la conclusión de que todos los síntomas físicos que estaba teniendo provenían de la mente. Así fue que al instante lo derivó a una psicóloga. Cuando esta lo atendió, enseguida le dijo que, dados sus síntomas, debía ver a un psiquiatra. Entonces, al sentarse en su primera sesión con el psiquiatra, este le dijo: "Yo no hago esto normalmente, pero hoy mismo vas a empezar a tomar un medicamento". Este doctor en general ve a sus pacientes al menos dos veces antes de recetarles nada. Así estaría de mal Marcos.

Lo de Jon Marcos afectó a Marcos de tal manera que su cuerpo no aguantó el estado constante de estrés y nervios. Estuvo medicado y yendo a terapia por un año para lidiar con su depresión y crisis nerviosa. Con la ayuda que recibió, logró sentirse mejor y de a poco pudo dejar el medicamento y concluir la terapia. Pero las crisis como estas tampoco se deben ignorar, afectan todo en tu vida. Y son secuelas de lo que es lidiar con momentos traumáticos. Al final, el psiquiatra le aconsejó que todos en la familia debíamos aceptar la posibilidad de que Jon Marcos nunca se mejorara del todo.

La esperanza es lo último que se pierde

Hace ocho años que estamos en esto. Se detonó cuando Jon Marcos tenía diecinueve años, y ahora tiene veintisiete. Para ponerlo en contexto, mientras pasamos todo lo de la cancelación de los programas en Univision y Telemundo, también estábamos en medio de esta gran crisis familiar. Uno nunca sabe todo lo que está pasando la otra persona en su casa, por eso es tan importante tratarnos con respeto y amabilidad. Si esta experiencia no es una cura de humildad para mí, no sé cuál es.

Hemos sufrido muchísimo. Como padre, tú prefieres que te pasen a ti las cosas en vez de a tus hijos. Tienes los nervios de punta. Jon Marcos pasó por muchas etapas, pero ahora está mucho mejor. Cocina que es una maravilla y a cada rato le digo que se debería hacer chef. En realidad es buenísimo para muchas cosas, pero todavía le cuesta salir porque no le gusta ver a la gente.

Sigue lidiando con su bipolaridad, pero está bien. Hace dos años que vive nuevamente con nosotros y eso nos tiene felices. Sentíamos la necesidad de tenerlo cerca. Pensamos que sería bueno que estuviera aquí con nosotros en vez de estar solo en un hospital, donde no daba señales de mejoría. Tenemos un equipo de psiquiatras y psicólogos aquí que lo ayudan, y el amor que le podemos dar así, más de cerca, creo que tiene un poder curativo enorme.

Si tienes a un familiar que sufre problemas mentales, siempre ten esto presente: los médicos le pueden dar terapia y medicina, pero no le pueden dar amor. Eso sólo se lo puede dar la familia del paciente. Nosotros llenamos de amor a Jon Marcos todos los días. Lo que queremos es que logre aprender a ser independiente porque ni Marcos ni yo estaremos aquí para siempre. Le toca tomar un cóctel de medicamentos por el resto de su vida. Queremos saber que nuestro hijo va a poder sobrevivir sin nosotros.

Nunca pierdas la esperanza. Cuando dicen que la esperanza es lo último que se pierde, créeme, esa frase es pura verdad. El que no crea eso es porque nunca ha tenido un trauma grande en su vida. Para no perder la esperanza, primero tienes que tocar fondo. Cuando tocas fondo, cuando te ves hundido en ese hueco negro sin luz, ahí te das cuenta de que lo único que te queda ahora es volver a subir. Pero tienes que tocar fondo primero para comprender esta sensación de esperanza.

Hoy en día tengo enormes esperanzas de que Jon Marcos va a estar bien. Quizá no sea el de antes, pero va a estar lo suficientemente bien como para poder cuidarse solo, para no preocuparnos. Tengo esperanza total. Tiene el medicamento justo y hace la terapia necesaria para poder manejar sus altibajos emocionales. No digo que no pueda tener otro episodio fuerte porque es una posibilidad, pero ya no vivimos con ese miedo constante. Ya hemos pasado por eso, ya nos informamos y aprendimos, ya sabemos cómo lidiar con esto.

Cuando dicen que la esperanza es lo último que se pierde, créeme, esa frase es pura verdad.

Siento que tener a Jon Marcos como hijo es una bendición. Este niño me ha brindado cantidad de lecciones especiales que a mí me hacía falta aprender para ser más humilde. Disfrutamos enormemente de su compañía, nos alegramos al ver cómo ha logrado sentirse mejor a través de los años y esperamos que pueda mantener esta mejoría por el resto de su vida. Nunca perdimos la esperanza.

PONLO EN PRÁCTICA Y APLÍCALO A TU VIDA

1. No le temas a la terapia. Si no te sientes bien emocionalmente, busca ayuda profesional.
2. No sientas vergüenza si tú o un ser querido tienen un desorden mental. Son muy comunes y, con ayuda profesional, se pueden controlar.
3. Presta atención al comportamiento de tus hijos y tus seres queridos. Si notas un cambio en su personalidad, no lo pases por alto, no lo niegues. Infórmate, enfrenta la situación y busca ayuda profesional.
4. La familia inmediata de la persona con el desorden mental también debe ir a terapia para aprender a lidiar con la sensación de dolor y culpa que pueden generar estas situaciones traumáticas.
5. Nunca, nunca, nunca pierdas la esperanza.

TERCERA PARTE

Vida

16

Sin salud no hay vida

in salud no hay vida. Te lo dije en el capítulo 3 y en el 5, y te lo repito acá porque es importantísimo que te des cuenta de esto. Tienes que prestarle atención a tu cuerpo y cuidar de tu salud a través de toda tu vida. Con *El Show de Cristina* aprendí la importancia que tiene cuidar de nuestra salud. Para empezar, incorpora estos tres pasos a tu vida:

1. Aliméntate con una dieta balanceada.
2. Haz ejercicio regularmente.
3. Ve a tu médico para hacerte los exámenes anuales.

No soy nutricionista ni entrenadora ni médica, así que por favor busca profesionales en cada área si necesitas ayuda para armar una dieta específica, una rutina de ejercicio y todo lo que tenga que ver con tu salud y la de tu familia. En las páginas que siguen comparto contigo lo que he aprendido y sigo aprendiendo a través de mis experiencias. Espero que te ayude a inspirarte a cuidar de tu cuerpo y tu salud. Esta debe ser una de tus metas principales y una de las inversiones básicas en ti misma, no lo olvides.

Cuestiones de peso

La salud es clave, así como lo es aceptar tu cuerpo como Dios te mandó a este mundo. Todo es relativo en la vida. Cuando Jennifer López llegó a Hollywood, estaba buenísima. Muchas de las americanas, que estaban celosísimas, decían que era tan culona que era una bola de gorda. Mira dónde ha llegado Jennifer López con ese trasero que tanto le criticaron. Es más, hoy en día, la gente se pone implantes de glúteos. Eso no existía en mi época. Ella tuvo mucho que ver con eso; ayudó a cambiar la imagen de la mujer en los medios y, así, pasamos de admirar figuras como la de Twiggy a desear tener las curvas de la misma Jennifer López o Scarlett Johannson o Sofía Vergara.

Todo tiene que ver con tus raíces y dónde te criaste. El peso ideal y el cuerpo ideal varían entre culturas, razas, países, por ende es importantísimo que aceptes tu cuerpo como vino al mundo y te enfoques en lo que crees que te hace hermosa. Por ejemplo, yo creo que mi trasero me hace muy hermosa. También me encantan mis piernas. Tengo piernas de vasca, no podría tener piernas flaquitas aunque quisiera porque mi cuerpo no está hecho para eso, y de hecho no me gustan las piernas flaquitas. Es más, cuando corría eran súper fuertes y eso me encantaba. Está todo en tu mente. Enfócate en lo que te gusta de tu cuerpo y siéntete orgullosa de tener lo que tienes, eso es lo que nos hace a cada una única.

Si crees que tienes unas libras de más, primero y principalmente busca cuál es tu peso saludable de acuerdo a tu estatura. Muchas veces pasa que el ejemplo que tienen las mujeres de lo que es el peso ideal es en realidad irreal. No te puedes basar en

DE ESO NO SE HABLA

Mantener un peso saludable —y no obsesionarte con cada miligramo de tu cuerpo— no sólo es importante para tu salud en general, sino también para tus metas. Si te obsesionas con tu peso, vas a pasarte la vida mirando la balanza en vez de levantar los ojos y vivir tu vida. Sí, mantén un peso saludable, come una dieta balanceada, toma agua y haz ejercicio, pero que eso no sea el centro de tu vida porque si lo es, ¿dónde van a ir todos tus esfuerzos, todos tus sueños? A bajar de peso. Si sólo estás enfocada en eso, no vas a poder concentrarte en lo más importante: la vida maravillosa que tienes en tus manos. Así que busca estar en tu peso saludable, pero no dejes que esta meta opaque todas las demás.

lo que ves en las revistas. Recuerda que la mayoría de esas fotos han sido retocadas, así que no reflejan la realidad. Los trastornos de peso son muy peligrosos para tu salud, tanto la anorexia y bulimia como la obesidad, así que es clave primero averiguar cuál es el peso saludable que te corresponde.

Una vez que hayas encontrado el rango de peso que corresponde con tu altura, fíjate si te encuentras dentro de ese rango

¡Infórmate!

Puedes calcular tu peso saludable al descubrir tu índice de masa corporal (IMC), una medida que asocia el peso con la altura de un individuo. Para hacer este cálculo y aprender más sobre el IMC, visita la siguiente página del National Heart, Blood, and Lung Institute: www .nhlbi.nih.gov/guidelines/obesity/BMI/sp_bmicalc.htm.

o no. Si estás muy por debajo o por encima, busca ayuda profesional. Si sólo tienes que perder unas pocas libras, concéntrate en alimentarte con una dieta balanceada y aprende más sobre cómo controlar el tamaño de las porciones. Eso sí, ten cuidado al elegir una de las dietas que están de moda, porque en general no tienen efectos duraderos y muchas le pueden hacer daño a tu salud. Existen muchas dietas que sí son balanceadas y funcionan, pero la pieza clave para ver resultados es mantenerte motivada y disciplinada. Sin eso, probablemente no llegues muy lejos.

La otra parte esencial para perder las libras de más es el ejercicio. El ejercicio no sólo sirve para perder peso, es esencial para mantener una vida saludable. No quiero que te obsesiones con tu peso, quiero que busques tener una vida saludable porque eso te ayudará a triunfar en todo lo que te propongas.

> *El ejercicio no sólo sirve para perder peso, es esencial para mantener una vida saludable.*

Incorpora el ejercicio en tu vida

Cuando empecé mi trabajo en televisión fue que aprendí la importancia de cuidar el peso y la salud. Claro, es un medio visual, y en ese medio es importante verse bien físicamente. Antes de entrar en la televisión, yo era muy dejada. Era el tipo de persona que después de tener a mis bebés me seguía poniendo mis trajes de maternidad por un año, hasta que se me bajara naturalmente la panza. No le prestaba atención a mi peso ni hacía ejercicio regularmente ni me importaba mucho cómo me veía. En mi familia no había gordos y yo tenía un cuerpo naturalmente atlético y musculoso. Recuerdo que mis amigas me llamaban para que saliera a correr con ellas. ¿Correr? No, nada de eso. Para mí eso no era importante.

Pero cuando cambié de trabajo y me metí a trabajar en la televisión, mis prioridades tuvieron que adaptarse a mi carrera nueva. Para un medio visual como lo es la televisión, es importante sentirse y verse bien porque es muy difícil tener unas libras de más en público. En este medio, no sólo opina tu marido o tu familia, opina todo el mundo. Al entrar en este medio, ningún ejecutivo me dijo directamente que debía perder peso.

No te dicen eso específicamente, pero en mi mundo latino, como muchos programas se venden a través del cuerpo de las muchachas presentadoras, las alientan a peinarse y vestirse iguales, con el prototipo que funciona en ese mundo: flaquitas, con cintura chiquita, pelo largo con extensiones y las piernas descubiertas. Por eso son todas iguales y por eso me parece tan importante encontrar tu imagen personal para distinguirte en esta y todas las industrias. Además, las hacen sentar en banquetas altas, cruzadas de pierna, para lucirlas. Hasta cortan los escritorios en el set para poder mostrar sus piernas. En este mundo en particular, las dietas y el ejercicio eran clave para poder verse bien en la pantalla.

Pero yo era diferente. Miguel, mi maquillador, hoy mismo me dijo: "Tú has sido la persona a la que más trabajo me ha costado ponerle un par de pestañas postizas". Yo no me quería poner eso porque no podía leer el apuntador con semejantes pestañas. No me ponía brillo en los labios porque me hacía sentir extraña cuando hablaba. Sentía que se me pegaban los labios. Y le decía: "Miguel, lo más importante que hago es pensar y hablar". He tenido invitados en mi show que, entre las inyecciones de colágeno en la boca y el brillo labial, nunca supe cómo lograron emitir palabra con semejante hinchazón.

Sin embargo, me di cuenta de que para triunfar en este medio iba a tener que adaptarme a ciertas cosas. Lo comprendí, y por eso bajé de peso y dejé que Miguel me colocara las pestañas, y por eso presté atención a los grupos focales que evaluaban cómo me veía y sonaba en el programa, sin perder mi individualidad.

Entre estos cambios y esta necesidad de adaptarme a este nuevo medio, una vez le pregunté a Gloria Estefan: "¿Por qué para ti es tan importante hacer tanto ejercicio?". Y me contestó: "Bueno, aparte de que me partí la espalda, por lo que tengo que hacer ejercicio para que no se me peguen las vértebras, cuando tú te paras en un escenario, es importante no estar gruesa. Tienes sesenta mil pares de ojos mirándote. Tienes que lucir bien".

Así fue que a los cuarenta y un años decidí incorporar el ejercicio a mi vida. Lo que más me funcionó y lo que más me gustaba era correr. Salía a correr todas las semanas, cuatro días a la semana, entre tres y cinco millas. No sólo me hacía sentir bien con mi cuerpo, sino que también me regalaba un tiempo para mí sola, y eso no tenía precio. Ahora, por los achaques de la edad ya no puedo hacerlo, pero igual hago otro tipo de ejercicio. Es importante incorporar el ejercicio en tu vida al punto de que se vuelva parte de tu rutina diaria, como lo es comer, bañarte y dormir.

> *Incorpora el ejercicio en tu vida al punto de que se vuelva parte de tu rutina diaria, como lo es comer, bañarte y dormir.*

Debemos combatir la obesidad infantil

La prevención es uno de los elementos básicos para una vida saludable. Si mantienes un cuerpo saludable, probablemente logres una vida más larga y sana. Por eso, es importantísimo combatir la obesidad infantil que está invadiendo nuestro mundo. Si eres obesa de niña, lo más probable es que tengas que luchar con tu peso el resto de tu vida, y esto te distraerá de tus metas y sueños. También, el ser obesa tanto de niña como de grande te lleva a esconderte porque te sientes insegura con cómo te ves. Esto no sólo es malo para tu vida social, sino que te puede llevar a perder oportunidades para exponerte a actividades y eventos que te pueden ayudar a alcanzar lo que más deseas.

Además, vamos a ser sinceros: nuestra sociedad discrimina a la gente con sobrepeso. Si eres obeso desde niño, en el momento que debes desarrollar tu autoestima y tu confianza en ti mismo, seguramente esta sensación de no poder pertenecer ni participar de las actividades que hacen los demás se volverá una batalla durante el resto de tu vida —a menos de que tengas una personalidad bien fuerte y desarrollada, lo cual no es el caso de la mayoría—. ¿Tú quieres eso para tus hijos?

Cuando iban niños obesos a mi show, las madres se quejaban y me decían: "Cristina, ¿qué puedo hacer? Mira cómo está mi hijo. Qué pena". Y yo les decía: "Mírate *tú*, ¡mírate tú! ¿Tú crees que el niño este trabaja, va al mercado y hace las compras de lo que hay en el refrigerador? Dale agua, no sodas o jugos que también contienen mucha azúcar". Es más, cuando yo empecé a trabajar para agua Nestlé, la gente de uno de los refrescos se puso bien brava y llamaron al presidente de Nestlé pidiendo que yo dejara de decir que sus bebidas tenían catorce cucharadas de azúcar en cada lata. Pero es la verdad. Y si no comunicamos la verdad, ¿cómo hacemos para bajar la diabetes y obesidad infantil que acosa a nuestros niños?

¡Infórmate!

Según el Center for Disease Control and Prevention, en los últimos treinta años, la obesidad infantil en Estados Unidos en los niños se ha doblado y en los adolescentes se ha triplicado. Los niños y adolescentes que son obesos tienen más probabilidades de ser obesos de adultos y tendrán el riesgo de sufrir más problemas de salud, como la diabetes tipo 2, problemas de corazón y más. Eso no es todo, el 40% de los niños hispanos en Estados Unidos sufre de sobrepeso u obesidad. Si quieres aprender más sobre la obesidad infantil y cómo prevenirla y combatirla, puedes empezar con Let's Move, la campaña de la primera dama, Michelle Obama: www.letsmove.gov/en-espanol.

Dada toda esta información, hace tiempo que vengo involucrándome en campañas que ayudan a combatir la obesidad infantil, la última siendo con la primera dama, Michelle Obama en Partnership for a Healthier America, donde enfatizamos la necesidad de beber más agua. Debemos informarnos como sociedad y ayudar a que estos niños tengan la misma oportunidad de salud y vida que tienen todos los demás. Entiendo perfectamente que muchos padres trabajan muy duro y a la hora de preparar la comida están agotados y recurren a lo más fácil. Pero intenta no recurrir a la comida chatarra.

Busca alternativas fáciles y más saludables para ti y tu familia, incorpora más agua, vegetales y frutas en tu diario vivir, y quita los alimentos procesados de tu lista de compras. También es clave la actividad física de tus niños. Hoy en día la mayoría de los niños pasan varias horas de cada día sentados jugando en la computadora y la tableta o viendo televisión. Ponles un límite a estas actividades y hazlos al menos jugar afuera. Mis nietos, por ejemplo, ven televisión, pero no todo el día. Ocupan sus días con natación, karate, hacen deportes en la escuela. Fíjate qué deporte o actividad le gusta a tu niño y apóyalo para que lo haga con regularidad. Con algunas simples modificaciones puedes lograr cambios enormes y duraderos en la vida de tus hijos.

El cuerpo cambia con la edad

Llegando a los cuarenta, aprendí lo importante que es llevar una vida sana, con una dieta balanceada y ejercicio diario. Ahora, con sesenta y seis, sé que el peso, el cuerpo y el tipo de ejercicio van cambiando con la edad. Y eso es importante comprenderlo y aceptarlo. A esta edad no pretendo tener el cuerpito que tenía hace treinta años, pero sí pretendo verme bien y mantenerme saludable.

Por ejemplo, adelgazar para la televisión, para la imagen, para la sesión de fotos es muy diferente a la razón por la cual tengo que adelgazar hoy en día. ¿Por qué ahora es importante para mí no pesar doscientas libras? Porque las rodillas no me funcionan con doscientas libras. Si tengo sobrepeso no puedo caminar, es así de simple. Tener unas libras de más es más difícil mientras más edad tienes. Muy difícil. De jovencita, con dieta y ejercicio, perdía diez libras en una semana. Ahora, perder diez libras me toma mucho más tiempo y esfuerzo.

La realidad es que con la edad, uno tiende a subir de peso. Nada puede detener eso. Muchos te recomiendan que vayas al gimnasio y hagas una cantidad de ejercicio anormal y dietas locas, todo para detener el correr del tiempo y obtener el cuerpo de tu juventud. Pero eso lo que hace es acabarte. Tienes que aceptar tu cuerpo y los cambios que vienen con la edad, y adaptar tus rutinas alimentarias y de ejercicio a la capacidad física que tienes a tu alcance hoy.

> *Tienes que aceptar tu cuerpo y los cambios que vienen con la edad.*

Yo ya no puedo correr, ni las rodillas ni las caderas me dan para eso, así que tuve que buscar otras alternativas para seguir ejercitándome. Tampoco pretendo tener el cuerpo que tuve de jovencita. Lo que quiero es estar feliz con quien soy y cómo me veo hoy. Mira, como ejemplo, a Celia Cruz. Nunca fue gorda de joven, pero con la vejez le vinieron también unas libras de regalo. En vez de rebelarse, aceptó que era parte de esa etapa de su vida y se compró unas batas africanas y se veía y sentía divina. Y cuando se le empezó a caer el pelo, se ponía pelucas espectaculares y no le importaba nada. Se sentía como un millón de dólares, estaba contenta. Esa es la clave.

Para sentirte como un millón de dólares, no sólo es importante aceptar la etapa en la vida en la que te encuentras junto con sus limitaciones, sino que también debes cuidar de tu salud y adaptar tu vida a los achaques de la edad para que estos no te paralicen. De esto hablaremos más a fondo en el siguiente capítulo, pero el punto que quiero hacer aquí es que debes prestarle atención a tu cuerpo, siempre, sin importar en qué etapa de tu vida te encuentres.

A los siete años descubrí que tenía artritis. Me daban unos dolores en las piernas tremendos, pero mi mamá decía que eran dolores de crecimiento —algo bien latino—. Pronto me di cuenta de que la única manera en que me podía dormir, para quitarme el dolor, era tomando dos aspirinas y amarrándome mis suéteres alrededor de las piernas —eso me daba un calor que me aliviaba—. Así fue que empezó mi osteoartritis, que en aquel momento ni sabía lo que era. En Cuba, en esa época, el diagnóstico te lo daba algún familiar, "Tienes reuma, igual que tu abuela", y a otra cosa. Así que esta artritis la he tenido toda mi vida. Mi hija Titi también la tiene, y corre maratones. Pero ya, a mi edad, es más avanzada y debo tomar las medidas necesarias, como la terapia física, para estar bien.

Por eso es importante prestarle atención a lo que te dice tu cuerpo. Hoy Titi tiene artritis y corre maratones, y yo hago terapia física, entre otras cosas, para combatir el dolor. Todas debemos escuchar a nuestros cuerpos y mantenernos sanas de acuerdo a la etapa que estamos viviendo en nuestras vidas. El secreto es estar satisfecha con quien eres, buscar estar lo más saludable posible sin convertirlo en una obsesión y seguir creciendo espiritual y mentalmente.

PONLO EN PRÁCTICA Y APLÍCALO A TU VIDA

1. Aceptar tu cuerpo como vino al mundo es el paso esencial para poder tener una perspectiva saludable de cómo te ves.
2. Averigua cuál es tu peso saludable, y si no estás dentro de ese rango, toma las medidas necesarias para solucionarlo.
3. Incorpora el ejercicio en tu vida para que se vuelva tan importante en tu rutina diaria como lo son comer y dormir.
4. Limita la cantidad de horas que pasan tus hijos frente a una pantalla y aliéntalos a que participen de alguna actividad física. Eso, junto con una dieta balanceada, te puede ayudar a prevenir la obesidad infantil de la que sufren tantos niños hoy en día.
5. Acepta tu edad y adapta tu dieta y ejercicio a las necesidades físicas que se te presenten. La clave es mantenerte saludable y seguir creciendo espiritual y mentalmente.

17

Haz la paz con
tu edad y sé feliz

A todos nos dan achaques con la edad, lo que pasa es que muchas veces no hablamos sobre lo que nos está ocurriendo. Mi mamá, por ejemplo, me dijo que ella nunca había pasado por la menopausia y mi papá escondió la enfermedad de Alzheimer que tenía mi mamá hasta el final de sus días. Tenemos que dejar de lado todos estos secretos y hablarnos con la verdad. Todos vamos a envejecer, es parte de la vida. ¿Por qué no hablar abiertamente de lo que nos va pasando?, así podemos aprender los unos de los otros.

Quiero abrir en este capítulo este diálogo tan necesario. Acá no sólo comparto mis secretos y consejos sobre cómo ir aceptando esta etapa de la vida, sino que también revelo ciertas enfermedades relacionadas a la edad que he tenido que enfrentar en mí y en mi familia. Es importante que todas lean esta información porque estos cambios que ocurren con la edad no sólo los tiene que aceptar la persona que los está pasando, sino también sus familiares, ya que ellos en algún momento se tendrán que hacer cargo de ese ser querido, como yo lo tuve que hacer con mi mamá. Quieras o no, estos cambios van a tocar a tu puerta, así que mejor estar informada al respecto para poder aceptarlos y llevarlos con gracia y paz.

Acéptalo: el envejecimiento es parte de la vida

Tengo un amigo que a cada rato me dice: "Ay, es que estoy gordo, estoy gordo". Y yo le respondo: "Tú no estás gordo, tú estás viejo". Envejecer no es fácil —y menos si no sabes bien qué esperar de esta nueva etapa en tu vida— pero, quieras o no, a todos nos llega este día. Lo mejor que se puede hacer es comprender y aceptar el cambio que ocurre en nuestros cuerpos con el pasar de los años. Llega una edad en la que la proporción entre la grasa y el músculo de tu cuerpo ya no es la misma de cuando eras joven, y no importa cuánto ejercicio hagas, no puedes cambiar lo que ocurre adentro tuyo con la edad. La mayoría subimos un poco de peso y todos tenemos huesos y músculos más viejos, y no hay una píldora mágica que solucione este cambio natural en la vida del ser humano. Tienes que estar en paz con aquello en lo que te has convertido y hacia dónde te diriges.

> *Tienes que estar en paz con aquello en lo que te has convertido y hacia dónde te diriges.*

La primera cosa que noté en mí como una señal del pasar del tiempo fueron mis manos. Cuando mi marido se enamoró de mí, siempre me decía: "Ay, tus manitas tan inteligentes. Tú tienes manitas inteligentes", porque él odia las manos con uñas largas, y las mías son manos de periodista y escritora con uñas cortas. Sin embargo, un buen día, mientras escribía mi primer libro, me detuve a mirar mis famosas manitas inteligentes y me di cuenta de que les estaban creciendo protuberancias en las coyunturas por la artritis. Quedé sorprendida. Mis manitas lindas, de niña chiquita, se me estaban deformando con la edad. Ese fue el primer indicio de mi entrada al famoso envejecimiento del cual tantos quieren huir, pero nadie puede escapar.

Sin embargo, los cambios superficiales en realidad no me afectan tanto; lo que sí me afecta son los cambios físicos, es decir, cada vez que te das cuenta de que ya el cuerpo no te da para hacer lo que hacías antes. Los achaques de la edad no tienen que ver sólo con el dolor, involucran también aceptar que tienes que además cambiar ciertos hábitos en tu vida. Por ejemplo, con lo que me encantaba correr, hoy en día mi cuerpo no me lo permite. Llegar a esta conclusión y aceptarla es una de las cosas más difíciles de envejecer.

Hace unos años, le quise enseñar a mi hija Titi a esquiar en el agua, y ahí fue que me di cuenta de que ya no podía hacerlo, de que ya no tenía la misma fuerza en los brazos. Tuve que aceptar que no le iba a poder enseñar aquello que tanto me había encantado hacer. Esos primeros momentos son bien duros de atravesar porque tu cuerpo te está diciendo claramente que ya no puedes hacer algo, como esquiar en el agua, pero tu cerebro todavía no lo comprende. En mi cabeza yo sigo teniendo quince años. Las cosas que disfrutaba hacer antes de meterme en el mundo de la televisión, como bucear, ahora que finalmente vuelvo a tener tiempo para retomarlas, no sé si pueda porque ya no tengo la misma resistencia física que antes. Es la parte más difícil de la primera etapa del envejecimiento. El tema es que no te queda otra que enfrentar los cambios y los achaques de la edad.

DE ESO NO SE HABLA

La gente no sabe que cuando me río, me orino. Todo el mundo llega a una edad en la que cuando se ríe, se orina. Pero nadie habla de eso porque todos prefieren aparentar ser perfectos. En especial las celebridades. Ellos no se orinan, ni se hacen cirugías, ni les pasa nada porque son perfectos. Yo he tenido a artistas sentados delante de mí a los que les estaba viendo las doscientas mil cirugías que se habían hecho y me decían: "No, Cristina, yo nací así". Si seguimos promocionando esta imagen supuestamente perfecta estamos propagando una imagen falsa de lo que es envejecer. Hay que abrir un diálogo con la gente, entre nosotros, con nuestras familias, para que otros se enteren de que llega cierta edad en la que todos nos orinamos un poquito cuando nos reímos a carcajadas… viene con el pasar de los años y es normal. ¡Así que pongámonos Pampers y sigamos riendo hasta el final!

Todos tenemos miedo a los cambios que vienen con cada etapa de la vida, en especial los cambios grandes que definen quién tú crees que eres. Te acostumbras a un trabajo, a una rutina, y cuando ese trabajo o esa rutina de pronto no está más, te encuentras en una nueva etapa desconocida en tu vida, y eso es muy fuerte. ¿Y ahora qué hago? ¿Cómo lo enfrento?

Al cumplir sesenta y cinco años, me di cuenta de que el asunto no estaba en la edad en sí, sino en lo que representa. Es la edad en que uno debería jubilarse, es un momento en donde los achaques te hacen enfrentar tu mortalidad. ¿Y qué haces si no estás listo para enfrentar esos cambios? Pues, si no estás listo, si te dan miedo, no hay nada que puedas hacer más que atravesar-

> *Todo tiene solución, si estás dispuesta a buscarla.*

los y seguir pa'lante. Nos pasa a todos. Hay miles de achaques que te pueden dar; en las páginas siguientes comparto los tres que se han cruzado en mi camino y cómo los manejo. Espero que te informe y te inspire a no tenerle miedo a esta tercera etapa de la vida, porque todo tiene solución, si estás dispuesta a buscarla.

Artritis

En mi familia todo el mundo tiene artritis. A mi me dio cuando tenía siete años, aunque la confundieron con dolores de crecimiento. Mi hija Titi también la tiene. Es una enfermedad manejable, pero quieras o no, se hace más difícil de llevar con la edad.

La artritis le afecta a cada uno de diferentes maneras. La mía ha sido de toda la vida, y a medida que ha ido progresando, el dolor se ha vuelto crónico. Aprendes a manejarlo porque no queda otra, pero no es un camino fácil. Es una enfermedad que limita tus ganas de soñar. Limita tus ganas de viajar. Limita tus movimientos. Cuando nació nuestro nieto por parte de Stephanie, no pude tomar el avión para ir a conocerlo porque estaba teniendo una crisis de artritis y no podía ni caminar.

Es una enfermedad que poco a poco va progresando y afectando cada vez más áreas de tu vida. A veces pienso que esta enfermedad también jugó un papel en mi problema con Univision. Llegó un punto en que por mi artritis yo no podía brincar por las escaleras del set como solía hacerlo, ni podía montar motocicleta o andar a caballo, todas esas cosas que hacía con gusto en el pasado. Me limitó mucho. A nadie le gusta sentir tan evidentemente que ya no puede hacer lo de antes. Fueron momentos difíciles que me causaron preocupación, ¿pero qué puedo hacer? Eso es lo que me tocó a mí como uno de los achaques de la edad, y eso es lo que tuve que enfrentar y aceptar como parte de los cambios que vienen con los años. Me tocaron muchas cosas buenas, no me puedo quejar; sin embargo, el próximo achaque que apareció en mi vida fue totalmente nuevo e inesperado, otro de los tantos golpes que te regala la vida.

Ata... ¿qué?

Ataxia. La primera vez que escuché esa palabra quedé igual de sorprendida que tú. ¿Qué es eso? ¿Cómo que es hereditario? ¿Y yo lo tengo? Sí, hace dos años me diagnosticaron ataxia, y de ahí en adelante se me abrió otro capítulo más de los achaques de mi vida. Resulta que mi familia, por ambos lados, tiene esos dos genes, el de la artritis y el de la ataxia, pero nosotros ni sabíamos lo que era la ataxia hasta que me la descubrieron un par de años atrás. La ataxia en realidad es un síntoma, no una enfermedad, y una de las cosas que la activa es el alcohol. Así fue cómo se me disparó.

Mi mamá, que en paz descanse, era el corazón de todas las fiestas. Tomaba como una cosaca. Entonces, ella se ponía a cantar canciones de Manzanero: "Esta tarde vi llover, vi gente correr y no estabas tú...", esa era mi mamá. Mi papá no bebía porque tenía úlceras, pero con una esposa así de alegre, obviamente todas las fiestas eran en mi casa. Aparte de eso, la herencia española en mi familia siempre ha estado muy presente. En España te dan vino con todas las comidas y cuando eres un niño te dan la mitad de un vaso de vino y te lo cortan con agua. Entonces, beber alcohol no es para nosotros lo que es para los estadounidenses, quienes lo tienen prohibido hasta cumplir los veintiún años (cosa que no ayuda porque al llegar a la universidad se ahogan en cerveza, pero esa es otra historia).

La cuestión es que yo salí de ese ambiente y entré al mundo de los periodistas, donde también se bebe mucho. El que consigue la historia es el ganador del día. Por eso, después del trabajo, todos íbamos al bar de enfrente a celebrar o a llorar juntos. Luego, como directora de revistas, donde tienes que atender a tantos clientes, también fluye el alcohol. Y en el mundo de la televisión, ni hablar. Por lo tanto, el alcohol siempre estuvo presente en mi vida, y yo podía tomar a la par de cualquiera. Hoy en día, considero que la cantidad de alcohol que he consumido en mi vida no es un ejemplo del cual estoy orgullosa. Lo que quiero es que las mujeres sigan mis buenos ejemplos, no mis malos ejemplos. Pero sé que de mis malos ejemplos pueden aprender.

Cuando dejé de trabajar en Univision tenía sesenta y dos años, y por un rato, que no duró demasiado, me deprimí mucho. Beber era mi mecanismo de defensa. No sabía qué más hacer con mi tiempo, así que empecé a beber más. Imagínate lo que es para una persona que trabajó toda su vida como una burra desde los dieciséis años, de pronto encontrarse en la casa sin nada que hacer mientras todo el mundo se va a trabajar. Entonces, empecé a beber a diario. Ya no sólo era cuando salía o los fines de semana, como antes, y así bebí hasta que me empezó a ocurrir algo extraño. Comencé a caerme, pero me di cuenta de que tenía que ver con mi equilibrio porque me empecé a caer también al despertar y yo nunca bebía antes de las cinco o seis de la tarde.

Como me pasaba tan seguido, finalmente fui a mi doctor de la artritis, que es brillante, para ver qué me estaba ocurriendo. Me revisó y luego me hizo caminar. Se quedó observando mis pasos, y enseguida me recomendó que fuera a ver a un neurólogo. Mi caminar no era normal. Me dijo que parecía tener un trastorno en el andar (lo que en inglés llaman un *gait disorder*). El neurólogo me mandó a hacer una resonancia magnética del cerebro para ver si podía descubrir exactamente qué me estaba ocurriendo.

Después de hacerme la resonancia y descontar un tumor, el neurólogo quiso saber si me había golpeado la cabeza durante algunas de mis caídas. Le dije que no.

Cuando les pregunté por qué querían saber si me había golpeado la cabeza, me explicaron que existía la posibilidad de que el líquido del cerebro y la espina dorsal no estuviera fluyendo correctamente, y para corregir eso me iba a tener que someter a una operación para colocarme una derivación ventriculoperitoneal. Básicamente me estaban diciendo que me iban a tener que colocar una válvula en el cerebro para evitar que se me acumulara líquido cerebroespinal. Llegué a la casa llorando, sinceramente sentía mucho miedo. Ante la posibilidad de este procedimiento, el doctor primero quería estar seguro del porcentaje del fluido raquídeo y ordenó una segunda resonancia, con la que midieron nuevamente el líquido en mi cerebro y resultó que no tenía ese problema, gracias a Dios. También me revisaron a ver si tenía la enfermedad de Alzheimer o Parkinson —la última siendo la enfermedad de la que murió mi abuelo Saralegui— porque cuando caminaba me echaba para adelante y empezaba a acelerar el paso mientras iba perdiendo el equilibrio hasta que terminaba en el piso. Cuando Marcos veía que empezaba a acelerar el paso, ya sabía lo que vendría después, y me gritaba para que desacelerara, pero muchas veces era demasiado tarde. Sin embargo, me dijeron que no era Parkinson lo que me estaba causando estas caídas. Largamos un gran respiro de alivio, pero tomó tiempo llegar al diagnóstico final.

En ese trecho de meses, mientras esperaba a ver cuál de todas las posibilidades podía llegar a ser, sentía que me estaba muriendo. Esos meses parecían no terminar más. Cuando te toca esperar un diagnóstico como este, es durísimo porque no tienes idea de qué te está pasando, pero sientes que la vida que venías llevando, de pronto se acabó. Es desesperante llegar a sentir que no puedes organizar tu cuerpo en un movimiento coherente, ni siquiera puedes hacer el amor. Sientes que toda tu vida ha terminado, y ahí es donde realmente te sientes vieja. Entonces piensas, ¿esto es todo, ya está?

Aparte de todas estas preguntas inevitables que me cruzaban la mente, mientras esperábamos mi diagnóstico Marcos tenía tanto miedo de que yo me cayera, que él se metía al baño conmigo y me bañaba para que no me fuera a dar un golpe. O si me levantaba de la cama en el medio de la noche para ir al baño, él me acompañaba. Hoy en día, ya no es un problema. Me puedo bañar sola, puedo hasta caminar sin caerme, todo gracias a aceptar que tenía que tomar medidas para mejorarme y cuidarme. Pero primero, al fin llegó el día del diagnóstico.

Lo que tenía era un gen hereditario en mi familia, que puede desembocar en lo que se llama *ataxia*. La ataxia te puede afectar el habla, la vista, el andar, muchas cosas diferentes. A mí me afectó el andar y el equilibrio. Si tienes ese gen, el alcohol te lo puede activar. Eso fue lo que me ocurrió, pero yo no sabía que teníamos ese gen en la familia porque mi mamá, que bebía mucho, nunca se había caído, ni había mostrado síntomas de este desorden, tampoco lo había tenido nadie más en mi familia. Por eso fue que el diagnóstico de la ataxia me tomó totalmente por sorpresa. Hasta ese momento, nunca había oído hablar de esta enfermedad.

¡Infórmate!

Según la National Ataxia Foundation, la palabra "ataxia" viene de la palabra griega *a taxis*, que significa "sin orden o coordinación". La gente con ataxia tienen problemas de coordinación porque afecta el cerebelo y partes del sistema nervioso que controlan el movimiento y el equilibrio.

Al recibir esta noticia, lo primero que le pregunté al doctor fue cómo se curaba, pero me dijo que la ataxia no tiene cura. Uno nace con esta enfermedad, este gen. De todas maneras, me explicó que si dejaba de tomar, que fue lo que la activó, se mejoraría notablemente. Y, mientras tanto, la terapia física me haría sentir mejor. Hace ocho años que hago fisioterapia. Comencé a hacerla por la artritis, y hace dos años, cuando descubrí que tenía ataxia y que prácticamente no podía caminar, agregué terapia física para esta nueva enfermedad. Aparte de la fisioterapia, seguí la otra recomendación del doctor: dejé de beber alcohol.

Sabiendo que tenía que bregar con todo esto, tomé las medidas necesarias para sentirme lo mejor posible, pero también vuelve el tema de aceptar la edad que tienes. A todos nos van a tocar diferentes barajas al envejecer. Esto que me pasó a mí, que no le pasa a mucha gente, fue un gran despertar porque las cosas que habían sido mi faro, dejaron de existir, como la ambición y el trabajo. Después de este diagnóstico hubo un gran giro en mi vida. Son los momentos como ese donde uno tiene que parar y tomar las decisiones difíciles. Da mucho miedo, pero ahí se separan los niños de los adultos.

Te tienes que preguntar: "¿Qué voy a hacer con esto?". Bueno, cuando te caes de cara al piso por la ataxia, no te queda otra que levantarte e ir a terapia si es que quieres seguir viviendo en vez de permanecer en un estado vegetativo. Y eso fue lo que hice. Eso se aplica en todo lo que nos ocurre en la vida, sea cáncer, sida, el fallecimiento de un ser querido, un divorcio, la pérdida de un trabajo. Está en ti elegir cómo seguir adelante. O te quedas en cama y no haces nada, o te levantas y sigues caminando… ¡pa'rriba, pa'lante y más nada!

> *Está en ti elegir cómo seguir adelante. O te quedas en cama y no haces nada, o te levantas y sigues caminando…*

Una madre con la enfermedad de Alzheimer

La que se dio cuenta de que mi mamá tenía la enfermedad de Alzheimer fue su hermana, mi tía Terina, con quien se llevaba dos años. Mi tía Terina me vino a ver un día y me dijo: "Mati, yo creo que a tu mamá hay que llevarla a un neurólogo". Yo le respondí explicándole que lo que pasaba era que mi mamá era muy bohemia, muy pintoresca. Pero ella insistió: "Esta no es tu mamá de siempre. Tiene algo malo porque me pregunta lo mismo nueve veces y se lo contesto y no sabe que se lo contesté". Cuando la llevamos al médico, nos confirmó que no estaba bien: "Tu mamá tiene Alzheimer avanzado". ¿Cómo puede ser que ni nos habíamos dado cuenta? La decaída de mi mamá vino cuando falleció mi papá. Él la encubría y cuidaba mucho.

En realidad, mi papá sabía que mi mamá tenía Alzheimer, pero no dijo nada, para protegerla. No sólo para protegerla a ella, sino para protegerse a él mismo y a nosotros. Él quería mantener intacta la imagen que teníamos de nuestra propia familia. No quería que cambiara, quería que todo permaneciera igual. Lo que ocurre es que éramos muy felices como familia. Mis padres se adoraban y él quería mantener esa ilusión viva en nosotros.

Si tú o alguien de tu familia tiene la enfermedad de Alzheimer, tienes que buscar ayuda. El Alzheimer viene por pasos. Si notas que algún ser querido está mostrando los síntomas de esta enfermedad, busca ayuda profesional... ayuda para la persona que lo tiene y ayuda para el cuidador. Es una de las enfermedades más devastadoras para el que la sufre y para la familia que acompaña al que la tiene.

¡Infórmate!

La enfermedad de Alzheimer no presenta los mismos síntomas en todo el mundo, pero si te informas más sobre cómo se desarrolla, podrás identificarlo más fácilmente en tus seres queridos. Para más información sobre esta enfermedad, puedes ir al sitio del Instituto Nacional Sobre el Envejecimiento: www.nia.nih.gov/espanol/publicaciones/la-enfermedad-de-alzheimer.

Mi mamá ni siquiera quería pronunciar la palabra Alzheimer, le decía "Alz". Sabía lo devastadora que era esa enfermedad. Cuando tienes Alzheimer no te das cuenta de muchas de las cosas que haces. Por ejemplo, como esa enfermedad requiere de atención las veinticuatro horas del día, en vez de internarla, al principio le contraté una enfermera. Pero al poco tiempo la echó. Entonces le contraté a otra. Y la echó. Cuando me fui a dar cuenta, le había contratado trece enfermeras, ¡y las había despedido a todas!

Otro momento bien difícil para ella, y para mí, fue el día que le tuve que decir a mi madre: "Dame tu licencia. Tú no puedes manejar más". Cuando fue al médico para que la revisara y confirmara lo que yo le había dicho, se arrodilló, le besó los zapatos y, llorando, le suplicaba: "Por favor, no me haga eso". Para ella, manejar le daba independencia. ¡Pero imagínate a una persona con un Alzheimer avanzado manejando! Puede olvidar dónde está o cómo volver a su casa de un instante para otro. Sin embargo, creo que al perder esa independencia, ese día mi mamá se perdió a ella misma.

Hacia el final de sus días, cuando la iba a visitar, a menudo me preguntaba: "A ver, ¿cuál eres tú?". Y yo le respondía: "Yo soy la primera, la que te hizo mamá". Entonces me decía: "Qué linda estás", y me tocaba la carita, y me decía: "Te pareces exactamente a mí". Imagínate tú, me decía que era bien linda y me parecía a ella. Frente a su cama, tenía del techo al piso todas mis fotos publicitarias, así que dentro de su enfermedad ella entendía que aparte de su hija, yo era Cristina.

Nunca dejó de reconocer a la gente del todo, como otros que padecen la enfermedad Alzheimer. Ella lo que tenía eran lagunas. Se iba y volvía. Cuando Marcos la iba a visitar, se sentaban a hablar, pero él podía detectar cuando se le producía una de esas lagunas. Era como si se fuese a otro lado. Y ella misma se daba su espacio para que pasara. Se concentraba en la televisión, fumaba un cigarrillo, y cuando volvía en sí otra vez, era como si volviera a reconectarse. Le repetía la misma pregunta y ahí continuaba la conversación donde la había dejado. No llegó a perder su mente del todo. Al final, mi mamá se murió a los ochenta y cuatro años, de cáncer de los pulmones porque había fumado con los amiguitos del barrio desde que tenía nueve años. En esos últimos tiempos, se quitaba la máscara de oxígeno, se pintaba la boquita y se volvía a poner la caretica porque su elegancia no la perdió nunca.

Cuando me tocó lidiar con el Alzheimer de mi mamá, una de las cosas que más me alegró fue haber trabajado tan duro toda mi vida porque la plata que tenía en ese momento me ayudó a poder mantener a mis papás cuando estaban los dos viejitos, sin trabajar y enfermos. Mucha gente no tiene esa posibilidad. Mi papi se retiró porque lo retiramos. Llegó un momento en que ya no podía ni manejar, así que le tuvimos que poner un chofer. Y ni hablar de todo lo que pude hacer por mi mamá cuando explotó su Alzheimer. Poder cuidar a los padres viejitos es un lujo inmenso, es como comprarte la casa de tus sueños o darte viajes divinos por el mundo. Cuando me di cuenta de lo que había podido hacer por haber perseguido mi carrera, dije: "Dios mío, gracias por todos los sacrificios que hice, gracias por todos los momentos en que no pude hacer lo que yo quería, para hacer lo que yo debía, porque por eso mismo, cuando llegó la hora, los pude ayudar". A mí no me asusta la idea de que me dé Alzheimer. Es como la artritis, es algo que está en la familia.

Haz las paces con tu edad

Cuando me pasa algo, lo primero que pregunto es cómo se quita. Y si me dicen que no se puede quitar, entonces no alzo los brazos y me doy por vencida, busco alternativas. ¿Qué se puede hacer al respecto? ¿Se puede mejorar? ¿Sí? Entonces, vamos a mejorarlo. Nunca te des por vencida, ni con los achaques de la edad. No te voy a mentir: no es fácil. Pero si hay una solución o algo a tu alcance que te puede hacer sentir mejor, hazlo.

> *Nunca te des por vencida, ni con los achaques de la edad.*

En mi caso, lo difícil ha sido aceptar esta nueva versión de mí. Siempre me había visto como alguien deportiva y ahora, de pronto, a veces ni siquiera puedo caminar bien. Una vez me había reído de alguien con un caminador y mi médico me dijo: "No te rías. Cuando llegaste acá, estabas a cinco minutos de un caminador". El problema que viene con madurar y con entrar en esta tercera etapa de la vida son los achaques y los dolores, es decir, los problemas físicos que trae la edad. Pero, mientras tú mantengas la mente joven y, sobre todo, mantengas tu curiosidad, mientras estés dispuesta a abrir los ojos y seguir descubriendo cosas nuevas, esta etapa de tu vida también será maravillosa.

Hay que hacer las paces con el pasar del tiempo y la edad. No me gustan los cambios, pero como la vida es un cambio constante, tenemos que aprender a ser flexibles. Envejecer también tiene cosas buenas, como la experiencia. Refiriéndome a *El Show de Cristina*, una vez le dije a Marcos: "¿Por qué a mí todo eso no me pudo haber pasado en vez de en mis cuarenta, antes, cuando estaba buenísima, para las fotos, para ese medio visual?". Y él me contestó: "Porque tuviste que aprender todo lo que aprendiste en tus revistas y en tus viajes para lograr tener un show durante veinte años, como lo hiciste. Necesitabas esa base, y tuvo que pasar el tiempo para lograr esa base".

Y cuánta razón tiene. Es más, con todo lo que he experimentado a través de los años, hoy puedo decirte tranquilamente que no tengo miedo a morir. Con la vida que he tenido sería un pecado tener miedo a morir. Hay que estar en paz con la edad, con el envejecer, con los cambios que conlleva el pasar de los años, y saber que cada etapa tiene su magia. Abre los ojos y descúbrela. La mejor forma de no tener miedo a la muerte es viviendo intensamente y con propósito, y llevando una vida llena.

PONLO EN PRÁCTICA Y APLÍCALO A TU VIDA

1. Tienes que comprender y aceptar los cambios que vienen con tu vejez.
2. Todo tiene solución, si estás dispuesta a buscarla.
3. Si crees que alguien en tu familia puede estar sufriendo de la enfermedad de Alzheimer, busca ayuda profesional de inmediato. No es algo que puedas manejar por tu cuenta.
4. Nunca te des por vencida, ni con los achaques de la edad. A cada persona le va a tocar uno diferente; enfréntalo, acéptalo y sigue tu camino.
5. Aprende a ser flexible, la vida está compuesta por constantes cambios. Haz la paz con tu edad y sé feliz.

18

Dedica un tiempo para ti

Para poder triunfar en la vida es importantísimo apartar un tiempo solo y exclusivo para ti. A veces, cuando tienes demasiado ocurriendo en la vida se hace difícil concebir la posibilidad de tener un ratito para ti sola, pero es necesario para descansar tu mente y recargar tu energía. No te estoy hablando de tomarte horas o días enteros —aunque las vacaciones también son necesarias—, te hablo de apartar la hora del almuerzo para dedicarte un rato. Si no puedes, entonces levántate una hora más temprano, o hazlo al llegar a tu casa. Si lo buscas, encontrarás ese ratito esencial que necesitamos todos para dedicarnos a nosotros mismos.

Mientras desarrollaba mi carrera, criaba a mi familia, me dedicaba a mi marido y siempre encontraba un momento para mí. El tiempo para uno es esencial, no importa en qué etapa de la vida te encuentres. Pero aún más si estás que no paras. Hay que identificar los espacios porque están todos ahí. A veces tienes las cosas delante y no las ves, lo mismo ocurre con estos espacios: están ahí.

Valora tu tiempo y aprende a decir que no

Una de las herramientas que te ayudan a encontrar un espacio para ti es aprender a decir que no. ¿Por qué? Bueno, porque a muchas mujeres en general se les hace difícil decir que no cuando les piden algo. Pero no puedes hacerte cargo de todo a la vez. Y si no te cuidas tú, no te cuida nadie. Para cuidarte, una de las claves es apartar un tiempito para ti. Y para hacer eso, seguramente tendrás que decir que no puedes hacer alguna que otra cosa, y eso está bien. Te lo digo por experiencia.

Para poder tener un tiempo para mí, para poder concentrarme en las cosas que yo quería hacer con mi vida, para poder tener dos minutos de descanso mental, tuve que aprender a decir que no. Cuando trabajaba en las revistas, tenía un jefe que a cada rato me daba su trabajo para hacer. ¿Y qué pasaba? Como yo tenía mi propio trabajo por completar, el de este jefe lo tenía que hacer en los ratitos libres que me quedaban, como en la hora de mi almuerzo. Sin embargo, lo que más deseaba era usar esa horita para avanzar en mi carrera y cumplir mis metas. Era un rato que podía aprovechar, por ejemplo, para escribir el discurso que quería dar en la asociación de mujeres profesionales esa semana. O era un tiempito que me podía dar para investigar las cosas que me interesaban y así crear nuevas metas que me podían ayudar a seguir ascendiendo en mi carrera. Así que un buen día, le dije que no a mi jefe. Le expliqué que no lo podía hacer porque necesitaba el tiempo para escribir un discurso. Le dije que no por primera vez. Luego, me fui para mi escritorio, me senté y me dije: "Le dije que no al tipo y no pasó nada".

Es así, mi gente. La mayoría de las veces, después de decir que no, verán que no hay grandes consecuencias. La única consecuencia grande es que con ese "no", pudiste apartar un ratito para dedicarte a ti, así que aprovéchalo. Recuerda que no puedes complacer a todo el mundo, y no es tu responsabilidad hacerlo.

> *La mayoría de las veces, después de decir que no, verás que no hay grandes consecuencias.*

Puedes decir que "no". Nada grave ocurrirá. Pruébalo. Eso sí, cuando lo hagas y logres conseguir ese espacio para ti, no lo malgastes, ¡aprovéchalo!

El tiempo para ti no te debe generar culpa

Te voy a ser completamente sincera. Cuando en el cielo repartieron culpabilidad, a mí no me tocó. No siento culpa. Creo que una de las razones por las que he podido llegar tan lejos es porque nada me da culpabilidad. Si alguien no está contento con lo que estoy haciendo, que siga su camino. Tengo claro lo que quiero y voy por eso. Para comprender esto, tuve que aprender a decir que no y comprender que nunca voy a poder lograr que todo el mundo esté contento. Busca tu felicidad. Al estar feliz, emanarás buena energía, y la buena energía es contagiosa. Una de las razones por las que muchas mujeres tienen miedo de decir que "no" cuando les piden demasiado es por sentimientos de culpa. No tienes que estar ahí para todo el mundo todo el tiempo. Si no te cuidas tú, no te cuida nadie. Y para cuidarte, una de las herramientas básicas es dedicar un espacio de tu día y vida para ti.

DE ESO NO SE HABLA

La mayoría de las mujeres se preocupan por sus hijos, por sus esposos, por sus familias, se dedican enteramente a ellos y se olvidan de ellas mismas. No lo tienen que hacer de esa manera, es lo que eligen hacer. Eso es lo que les han enseñado, pero eso no es culpa de ellas. Eso es culpa de sus mamás, de sus abuelas. Yo no les he enseñado eso a mis hijas. Ellas tampoco sienten esa culpabilidad. A mi hija Titi, que trabaja como una animal, por ejemplo, de vez en cuando le pregunto: "Titi, ¿qué tú haces en el *happy hour* con tus amigas y sin tu marido?". Y ella me contesta: "Mami, era el momento mío para irme al *happy hour*". Y se va al *happy hour* con sus amigas y no se lleva a su marido. Lo deja con los niños. Y él la apoya. Ella no siente culpa por apartar ese ratito y dedicarlo a lo que le hace bien, y eso es una cosa que se pasa de generación en generación.

Debemos eliminar esa culpa de nuestras vidas y, para hacerlo, como se pasa de generación en generación, tú tienes que ser la primera en romper este ciclo y hacer el cambio. El primer paso es identificar de dónde viene esa sensación de culpa. Hazte preguntas y encuentra la raíz del problema, así encontrarás una solución duradera.

Te voy a contar lo que me pasó a mí con una señora que trabajaba en mi casa, que era de un país sudamericano. Marcos y yo estábamos extenuados porque cuando estás grabando, a veces las cosas salen mal y llegas a tu casa a las cuatro de la mañana, agotada. Esta señora era excelente. Ella nos esperaba. Nos oía llegar y salía corriendo a la puerta a recibirnos. Y un día me dijo:

—Doña Mati, ustedes no se están ocupando de sus hijos como deben. Yo le estoy criando a sus hijos.

—¿Y los tuyos dónde están? —le pregunté. Ella tenía cinco hijos.

—En mi país —me respondió.

—¿Y quién te los está cuidando?

—Mi suegra —me dijo.

—Bueno, ¿tú no te das cuenta de que tú y yo estamos haciendo exactamente lo mismo? Estamos trabajando para que nuestra familia pueda comer.

Esa señora estuvo conmigo doce años y cuando le dije eso, comprendió que esa culpa que ella estaba tratando de proyectar en mí, en realidad era una culpa que ella sentía en su propia vida. Por eso te recomiendo que, antes que nada, identifiques tus culpas y de dónde provienen. Mira tu vida e identifica qué es lo que te hace sentir culpable y haz algo al respecto. Por ejemplo, si sientes culpa porque trabajas mucho y no te encuentras en la casa con tus hijos, recuerda que lo estás haciendo para darles una mejor vida a ellos. Eso no te debe hacer sentir culpable. Y luego ve más profundo en tu ser y fíjate de dónde viene esa culpa. ¿Es algo que viene de tu madre, de tu abuela, de otros parientes, te lo hacen sentir tus amigas o tu marido? Al comprender dónde nace esta culpa, será más fácil dejarla a un lado. Sí, tienes que sentarte a pensar. Dios le dio el cerebro a uno para usarlo, no para llevarlo a la peluquería. Así que úsalo y hazte preguntas: ¿por qué estoy infeliz hoy?, ¿qué me pasa?, ¿qué siento?, ¿de dónde viene esta

> *Dios le dio el cerebro a uno para usarlo, no para llevarlo a la peluquería.*

sensación de angustia y culpa? Y, ¿sabes qué necesitas para hacer esto? ¡Tiempo para ti!

¿Dónde está el tiempo para ti?

Bueno, ya establecimos que es importante que aprendas a decir que no y que no te sientas culpable por dedicar un espacio para ti. Ahora la clave es encontrar ese tiempo. Si tienes media hora o una hora para almorzar en tu trabajo, aplícalo a tu vida y no a la empresa. Usa esos minutos preciados para lo que tú necesites y desees. Si no te puedes tomar una hora para almorzar, quizá puedas levantarte media horita más temprano y usar ese ratito de silencio antes de que despierte la casa entera exclusivamente para ti. O puedes dedicar un ratito para ti a la noche, una vez que los niños se hayan ido a dormir. Es como todo en la vida; si lo sales a buscar, lo encontrarás.

El tiempo para mí siempre es para hacer un descanso, un paréntesis mental. Necesito dejar de pensar en el trabajo y mis preocupaciones diarias aunque sea un ratito por día. Aprendí cuánto necesitaba este espacio cuando me encontré haciendo televisión, una revista, radio y promoción, todo a la vez. "Quemada" no logra describir mi estado mental, estaba súper quemada. Un tiempo para mí entre todo eso era importantísimo para poder continuar pa'lante. Entretanto, una de mis prioridades era hacer ejercicio, y ahí fue donde encontré el tiempo para mí que tanto necesitaba. Lo que más me gustaba era correr, así que dejaba correr mi mente a la par de mi cuerpo. Sentía que con este ejercicio limpiaba mi cuerpo, mente y alma de todo tipo

de toxina. Y no era algo que me gustara hacer con otras personas. Era un tiempo para mí sola.

¡Infórmate!

Hay pruebas científicas que muestran que al hacer ejercicio, el cerebro produce y libera endorfinas. Está comprobado que las endorfinas
que fluyen por tu sangre al correr o hacer otro tipos de ejercicio te
hacen sentir un golpe de felicidad, te reducen el estrés, mejoran
tu autoestima y te ayudan a dormir mejor. ¡Y ni hablar de todos los
beneficios físicos del ejercicio! Muévete, te vas a sentir mejor y es un
excelente tiempo para ti.

Puedes usar tu tiempo para ejercitarte y dejar que las ideas
fluyan por tu mente o puedes hacer aún más, como hacía yo. No
sólo salía a correr, aprovechaba ese momento sola para escuchar
casetes motivacionales. Utilizaba ese tiempo para desarrollar
mi vida interior y seguir aprendiendo. Corría y escuchaba a los
grandes motivadores y sus palabras me llenaban de inspiración.
Entonces, ¿qué pasaba? Volvía a mi rutina, fresca, llena de energía y motivación para continuar con lo que quedaba del día.

Otro momento importante para ti son tus vacaciones. En
todos los trabajos a tiempo completo te designan una cierta cantidad de días de vacaciones. ¡Úsalos! Las vacaciones no equivalen
a irse a un lugar lejos y caro. Aunque hagas algo a nivel local,
esos días de descanso son esenciales para rendir mejor en el trabajo y en la vida. Cuando trabajaba en la revista no tenía ni un
centavo en dónde caerme muerta, entonces no me tomaba mis

días de vacaciones nunca. Estaba agotada, pero prefería seguir trabajando para cobrar las dos semanas de vacaciones en vez de usarlas. Cuando al fin me tomé unos días para descansar, comprendí lo esenciales que eran en mi vida. Esos días fuera del trabajo te descansan la mente y te dan gasolina y energía para salir adelante. Además, ese espacio te da lugar para que se te ocurran nuevas ideas, lo cual te puede ayudar a crear más metas para cumplir tus sueños. Durante mis años jóvenes me tomaba la mitad de mis vacaciones en familia y el resto sola con Marcos, la combinación perfecta.

Te he hablado de las vacaciones como un tiempo esencial para un descanso mental mayor, y la hora de almuerzo, de ejercicio o previo a que todos despierten como espacios que puedes dedicarte en tu día a día. Ahora te agrego otra posibilidad: la noche. Otro gran momento que puedes apartar para ti es cuando te acuestas, ese rato antes de quedarte dormida. Es un espacio ideal para repasar el día, para pensar en cómo te sientes, para enfocarte en lo que te trae una sonrisa a la cara. Lo que tú quieras. Yo uso ese momento para rezar, para pensar en mis emociones y cuestionar por qué me siento triste o molesta. Es como ir al psicólogo conmigo misma. Ese momento al final de un día largo, donde tu cuerpo está relajado y preparándose para el sueño, es realmente único y personal. Hazlo tuyo.

El paso siguiente para tratar de encontrar momentos que pueden ser tuyos es identificar aquellos que ya lo son, pero no te diste cuenta. Si haces algún deporte, vas a alguna clase o tienes un pasatiempo que te encanta, esos son todos espacios exclusivamente tuyos. Toma conciencia de que ese tiempo es para ti y aprovéchalo al máximo.

Por ejemplo, a mi me encanta jugar videojuegos y hacer prendas con las manos, así que el tiempo que yo aparto para hacer esas cosas son espacios para mí. Cuando juego los video-juegos, mi mente está totalmente concentrada en ese juego, por ende descansa de todo lo demás. Cuando hago joyería, es un momento en el que dejo de pensar constantemente en mi tra-bajo o en mi familia, y me concentro en las piedras que tengo por delante.

Lo que me encanta de la joyería es que también incluye otros de mis pasatiempos favoritos: la geografía y la historia. Entonces, para mí no se trata sólo de hacer la prenda, sino de investigar su origen. Sólo hago prendas con piedras naturales, entonces, antes de comenzar, averiguo qué significa cada piedra, cuál es su historia, de dónde viene, cómo se relaciona al Zo-diaco, dónde se encuentra en el mundo. Compro libros que me explican más sobre las piedras o me inspiran para hacer nuevos diseños. Y ni te cuento lo que disfruto al comprar las piedras, re-cibirlas en el correo y ponerlas en uso. Es un proceso fascinante, un verdadero tiempo sólo para mí donde me concentro en algo que me hace feliz y dejo a un lado todo lo demás. Me renueva. Y encima, las vendo y dono el dinero a nuestra organización contra el sida, Arriba la Vida; de esa manera, al producto final le doy buen uso.

¡Infórmate!

Arriba la Vida/Up with Life es una fundación que creé con Marcos en 1996 para educar, informar y promover la conciencia colectiva para prevenir el sida dentro de la comunidad hispana de Estados Unidos.

Si tú no paras, tu cerebro no para y terminas agotando toda tu energía, tus ideas, tu creatividad, todo. Al concentrarte en otra cosa, en algo que te gusta mucho, pasa algo muy raro con tu mente. El tiempo se expande y, en vez de estar pensando en el pasado, las preocupaciones del presente o el futuro, estás viviendo en el momento y todo lo que en general invade tu mente, por un instante, pasa a segundo plano. Encuentra ese espacio preciado en tu día y dedica ese tiempo para ti. Tu cuerpo, mente y alma te lo agradecerán.

PONLO EN PRÁCTICA Y APLÍCALO A TU VIDA

1. Valora tu tiempo y aprende a decir que no. Verás que al hacerlo, la única consecuencia mayor será que tendrás un momento extra para ti.
2. Identifica de dónde proviene la sensación de culpa que te genera dedicar un tiempo para ti, enfréntalo y deja de sentir culpa por eso. Si tú no te cuidas, no te cuida nadie.
3. Rompe el ciclo de culpabilidad y no le enseñes eso a tus hijos. Eres el ejemplo que ellos tienen en sus vidas al crecer.
4. Busca el tiempo para ti en tu día a día, sea antes o después del trabajo, en tu hora de almuerzo, al hacer ejercicio o mientras practicas tus pasatiempos. Si abres los ojos, verás que está a tu alcance.
5. Tómate las vacaciones que te corresponden. Verás que unos días de descanso le harán un bien enorme a toda tu vida.

19

La espiritualidad es un cable a tierra

Cada uno puede interpretar la espiritualidad a su manera, puede incluir desde la veneración en una iglesia hasta la meditación en un jardín, lo importante es tenerla presente en tu vida. Respeto la fe que tiene cada uno, aunque quizás no comparta la misma que tienes tú. Realmente sirve como un cable a tierra y un recordatorio de que todos debemos obrar por el bien. No creo que la espiritualidad sea una necesidad absoluta para triunfar en la vida, pero a mí me ayudó muchísimo. Te ayuda a no abusar de lo que tú tienes y de lo que tienen los demás. Por ejemplo, el trabajo social, es decir, lo que uno hace para ayudar a los demás, es espiritual. La espiritualidad yo la interpreto como algo que tiene que ver con la universalidad, ese sentir que somos uno.

Yo me considero una persona espiritual, más que religiosa. Creo fervientemente que yo no tengo por qué tenerle "temor" a la divinidad que me creó. Y esto lo comprendí a una temprana edad. No estoy de acuerdo con que te metan miedo para que creas en algo. Si tú llegaste aquí y las galaxias llegaron aquí y

---

¡Infórmate!

La espiritualidad se manifiesta de diferentes formas, no sólo dentro de las paredes de una iglesia. La puedes encontrar practicando yoga, meditando, yendo a una iglesia o un templo, estando en contacto con la naturaleza... es realmente algo muy personal. Busca lo que te traiga paz y te haga sentir conectada con esa energía y fuerza mayor que te llena el alma.

---

todo llegó aquí por medio de un creador, ¿por qué ese creador te va a querer aniquilar? Eso es tener un pensamiento rígido, y yo no soy rígida.

No creo en la rigidez de la religión, pero sí creo en Dios, y creo que todos debemos conectarnos abiertamente con la divinidad que mejor nos identifique. No es necesario imponerles nuestra fe a los demás. Lo importante es estar conectada con tu espiritualidad, con tu fe, para rodearte de energía positiva y esperanza.

> *No creo en la rigidez de la religión, pero sí creo en Dios.*

Conéctate con tu fe

Mis años escolares los pasé en un convento y rápidamente me sentí muy desilusionada.

Así fue que, a los doce años en Key Biscayne, un día miré a mi papá y le dije que había decidido no ir más a misa. Quedó helado y me preguntó por qué. Y mi respuesta fue simple y directa:

—Porque yo no creo en Dios.

—Pero, Cristinita, ¿cómo vas a decir eso? Tu papá es de comunión diaria —me dijo, impresionado.

—En primer lugar, yo no soy tú —le respondí— y en segundo lugar, estoy con monjas desde que nací y he visto todo lo que son capaces de hacer. Y yo no quiero ser una monja, papi. Y no quiero ir más a misa.

La religión fue una gran desilusión para mí de niña porque me eduqué en un convento de monjas en Miami donde vi mucha hipocresía. Nunca más pude creer en un dogma religioso, pero sí logré reconciliarme con la fe y con mi Dios. A través de mi vida, lo que ha sido importante para mí es Dios, no la religión. Hoy en día, cuando siento la necesidad, voy a la iglesia, pero no voy para cumplir con la misa de los domingos, sino que voy para conectarme con la paz y lo espiritual que te brinda una iglesia. Y no me confieso con ningún cura porque me confieso conmigo misma. Eso es suficiente para mí, estar en paz conmigo. Una vez le dije a un cura en uno de mis programas de *El Show de Cristina*: "Yo trabajo para AT&T. Marco el número en directo al Creador, no necesito intermediarios".

Aparte de lo que viví en la escuela, también aprendí muchísimo en mi show. Vi las cosas buenas que puede traer la espiritualidad, cómo tu fe puede ayudarte a materializar cosas importantes en tu vida, y también observé lo ciegos que pueden estar aquellos que son demasiados rígidos con su religión. A veces esa rigidez no les permite ver lo que tienen en frente de sus narices. Lo he visto ocurrir en carne propia, y es muy frustrante. No comprendo a la gente que cree en una religión que no le permite escuchar los puntos de vista de otras personas porque el suyo es el único correcto. Ese pensamiento religioso cerrado, intolerante, que difunde la creencia de que si tú no eres como yo te irás directo al infierno, me molesta enormemente. Empezando por que yo no creo en el infierno.

DE ESO NO SE HABLA

La gente a veces no se atreve a concebir la espiritualidad a su manera por miedo a las repercusiones por parte de Dios. El miedo a Dios. Antes de tomar este tipo de decisiones o llegar a tus propias conclusiones, primero debes tener la seguridad de que al tomarlas, no te vas a ir al infierno. Tienes que primero estar en paz con que tu Dios no te va a castigar por buscar una espiritualidad y una fe sin miedo. Yo no le tengo miedo a mi Dios; es todo amor.

Conéctate con tu fe sin miedo. La fe y la espiritualidad se deben celebrar, deben ser algo positivo en tu vida, te deben traer paz y alegría, no miedo y culpa. Tu fe te debe impulsar a tratar a los demás como te gusta que te traten a ti. No vivas la vida a través de los chismes de los demás y la envidia. Es verdad, los seres humanos chismeamos como si fuera un deporte. En algún lado leí que lo más interesante para los seres humanos es el chisme. Entonces se averiguó que los monos también chismean, porque son muy sociales. Mientras se sacan las pulguitas los unos a los otros, chismean en su idioma de monos. Es un acto social muy común. Pero una cosa es chismear inocentemente y otra cosa es hacerles daño a las personas.

Eso, que parece tan simple, es algo que todos deberían saber, pero muchos lo ignoran: no hagas daño porque se te reversa.

Oye, el daño que yo he visto de gente de la industria de la televisión hacerle a familias completas para subir en su carrera es horrible. No entiendo cómo pueden dormir a la noche. Vuelvo y repito: ese daño se lo hacen a familias enteras, y no les importa. Es más, muchos se alegran cuando a otros les va mal porque significa que ellos quizás puedan subir en sus carreras. La envidia mata todo lo espiritual que tienes por dentro. Siempre busca alejarte de ese sentimiento, y si alguna vez lo sientes, analiza el por qué. Al identificarlo, podrás cambiar un sentimiento negativo por uno positivo. Entonces, en vez de sentir envidia, intenta sentir admiración por los logros de los demás y busca la manera de emular ese éxito.

Tampoco te estoy diciendo que le debes desear que le vaya espectacular a aquellos que te hicieron mal, pero definitivamente no les debes desear mal. A los que me hicieron mal, no quiero que les vaya ni bien ni mal, simplemente quiero que se aparten de mí. Porque los vampiros de energía existen y la gente con mala onda existe y tienes que alejarlos de tu vida. Aléjate, pero no le desees mal a nadie. Sigue tu camino y busca estar en paz contigo misma. Los que se rodean y se llenan de negatividad, eventualmente se queman solos.

No te olvides de regalarle una sonrisa a los demás, dar las gracias, saludar, son cosas básicas que vienen con la bondad de espíritu, y eso no tiene precio. A veces uno se olvida de decirle cosas bonitas o agradables a otra persona porque está demasiado apurado. Toma el tiempo para regalarle esas palabras a la gente a través de tu día. Puedes desarmar hasta al más testarudo y malhumorado con buena energía y una sonrisa. Y eso vuelve. Todo lo que das, vuelve.

Cada uno debe encontrar su manera de conectarse con su espiritualidad. Busca lo que te haga sentir bien, cómoda y en paz. Puede ser un lugar o un momento del día, lo que te haga sentir conectada con tu alma y tu Dios, donde no sientas miedo sino tranquilidad. Por ejemplo, a Marcos le gusta meditar, mientras que lo mío es rezar. Si quieres rezar, primero es importante aprender a rezar bien. Tú no le puedes pedir las cosas a tu Dios, a tu ser superior, a quien sea que se lo pidas, y demandar que te las dé un día específico ni decirle cómo te deben llegar. Al contrario, debes entregarte a su magia. El rezo debe nacerte del corazón y el alma, no involucra lo material.

> *Busca lo que te haga sentir bien, cómoda y en paz… el rezo debe nacerte del corazón y el alma.*

Yo rezo todas las noches antes de dormir. Siempre empiezo dándole las gracias al universo por todo lo que ha puesto en mi vida para yo poder aprender, en especial de lo que la gente considera malo. Porque de eso vienen las lecciones grandes. Empiezo con agradecimiento y luego rezo por todo. En este momento estoy rezando por el tobillo que me partí al resbalarme en el baño, para que se cure pronto y me permita trabajar y seguir disfrutando de mi familia. También rezo mucho por mi hijo. Y rezo mucho, mucho, mucho por todos los que me desean mal y que yo sé que me han hecho daño. Nunca debes desearle mal a nadie que haya sido malo contigo. Así es como rezo. No hay que guardar rencor ni broncas porque eso te carcome por dentro. No vale la pena. Es el famoso karma. Entonces, si tú rezas por esas personas y pides luz, eso es lo que recibirás. La conexión con tu fe y espiritualidad es esencial para encontrar tu paz interior y así poder claramente visualizar tu futuro.

La visualización

Hay una diferencia inmensa entre rezar y visualizar. Rezar, como ya establecimos, viene del corazón y del alma, mientras que visualizar es un ejercicio de la mente. Visualizar es formar una imagen en tu mente y ver detalladamente lo que deseas lograr. Es un concepto que me ha llevado a conseguir mucho de lo que tengo hoy en día y que comencé a practicar de joven, cuando la visualización todavía no era un concepto familiar para mucha gente.

> *Visualizar es formar una imagen en tu mente y ver detalladamente lo que deseas lograr.*

Uno de los hábitos que desarrollé con los años es recortar de revistas, artículos e imágenes de las cosas que deseaba atraer y tener en mi vida. Este hábito empezó a raíz de mi trabajo como editora de revistas. Como mencioné anteriormente, para hacer mi trabajo bien debía leer otras revistas nacionales e internacionales para inspirarme y estar al tanto de lo que estaban publicando a nivel mundial. Entonces, yo llegaba del trabajo por la noche y me sentaba en la cama a recortar artículos. A veces Titi se sentaba conmigo y me ayudaba, mientras que mi ex marido se acostaba a mi lado y me observaba trabajar. Ver todas estas imágenes y leer todos estos artículos me abrió muchísimo la mente al mundo que había fuera de mi casa. Me motivaba y comencé a visualizar estas cosas en mi vida porque yo quería tener una vida grande.

Mi ex marido, con quien estaba casada en ese momento, un día me dijo: "¿Tú no te das cuenta que eso nos hace daño? Eso nosotros nunca lo vamos a alcanzar". Inmediatamente me di cuenta de que esa relación estaba llegando a su fin porque yo sí creía que podía alcanzar lo que visualizaba, y con mucho trabajo, esfuerzo y visualización, lo logré.

Es importante aprender a visualizar no sólo las cosas que deseas tener, sino las metas que quieres lograr en tu vida. La visualización proviene de la mente, así que te recomiendo que seas extremadamente detallada al visualizar lo que deseas. Cuanto más específica, mejor, porque más clara se hará en tu mente la imagen de lo que quieres conseguir.

Por ejemplo, si lo que deseas es ser dueña de tu casa, imagínate en detalle el tamaño de la casa, la cantidad de pisos que tiene, el color de afuera, el color de las paredes, el jardín, la terraza, el barrio, los alrededores. Piénsalo como si fuese un dibujo detallado. Si quieres tener más confianza en ti misma, si eso es lo que deseas lograr, imagínate todas las áreas de tu vida expresándose con la confianza que quisieras tener. Visualiza esa imagen segura de ti misma haciendo las cosas que normalmente te dan algo de miedo y rompiendo esa barrera en tu mente.

Para visualizar efectivamente, comienza con los siguientes pasos:

1. Aparta un momento específico de cada uno de tus días para dedicarlo a visualizar lo que deseas, sea una cosa o una meta. No tiene que ser mucho tiempo, pero trata de hacerlo todos los días.

2. Asegúrate de que la imagen que tengas en mente sea lo más detallada posible. Trata de usar todos tus sentidos, no sólo la imagen, sino también tu olfato, tu oído, hasta llegar al punto en que sientas que estás adentro de esa imagen, viviéndola.

3. Una vez que hayas reunido todos los detalles y los hayas vuelto una imagen específica de lo que deseas, entrégala al universo para que su magia te traiga las cosas que tú quieres.

¡Infórmate!

Tienes que honestamente creer en la visualización para que funcione. Si tienes dudas, busca información en Internet o en tu librería o biblioteca local. Cuanto más sepas sobre esta práctica, más comprenderás cómo funciona y más posible será que creas en ella. Si no crees, no funcionará, es así de simple. Entrégate.

A mí me encanta la ciencia. Igualito que existe un polo negativo y un polo positivo que atrae los átomos, con la gente pasa lo mismo. Esta es nuestra realidad. Alguien que sólo piensa en cosas negativas es como una aspiradora de negatividad y, al final, después de aspirar toda esa mala onda, termina explotando. Es la famosa ley de la atracción: los pensamientos que tienes influyen tu vida y te devolverán la misma onda energética. Nadie es perfecto, y todos tenemos momentos donde nos invaden los pensamientos negativos. Cuando te ocurra esto, intenta identificarlo cuanto antes y despeja tu mente de esta energía negativa. La energía está relacionada a tu vida espiritual. Si tienes fe y esperanza, le deseas el bien a la gente, eres amable, bondadosa y generosa, te estarás llenando de energía positiva, y ese positivismo es otra clave que te ayudará a triunfar en la vida. Medita, reza, visualiza, canaliza la energía positiva por tu cuerpo, corazón, mente y alma, y verás resultados increíbles llegar con creces.

PONLO EN PRÁCTICA Y APLÍCALO A TU VIDA

1. Abre tu mente y alma y no dejes que la rigidez de tu religión o creencias te haga intolerante a las creencias de los demás.
2. Conéctate con tu fe sin miedo y celebra tu espiritualidad y la de los demás.
3. Cuando reces o medites, nunca le desees mal a nadie. Si pides luz para las personas que te han hecho algún mal, tú también recibirás luz y paz interior.
4. Visualiza detalladamente lo que deseas en tu vida para que se haga una realidad.
5. Deshazte de la energía negativa y canaliza la energía positiva por todo tu ser para así atraer cosas buenas a tu vida.

20

Lo más importante es el viaje, no el destino

E n tu viaje personal por este mundo, lo que más te recomiendo es que abras los ojos y seas flexible. Aunque pases por momentos en donde tú quieras pausar tu vida, no lo podrás hacer. Si de algo estamos seguros es que la vida continúa, quieras o no. Así que abre bien los ojos y disfruta cada etapa que te toca vivir porque la realidad es que el destino no es tan importante como el viaje y cómo decides llevarlo.

La realidad es que tú no sabes lo que te va a traer la vida, así que tienes que estar atenta a lo que venga. Con el pasar de los años, como a Marcos le gusta tanto el tenis —¡tanto, tanto, que nuestro perro bulldog se llama Rafael Nadal!—, he aprendido algo del juego y me he dado cuenta de que la vida es como un partido de tenis. Tienes que estar atenta a la bola para ver para dónde correr. Si no abres los ojos y te mantienes flexible a los cambios que vienen en la vida, tu viaje será mucho más duro. Ábrete para lo que te traiga y sácale lo mejor a cada momento, sea una lección de una experiencia difícil o una celebración de un logro.

El otro día vi a la tenista Serena Williams torcerse el tobillo mientras jugaba en un campeonato. Le vi la cara de dolor. Cuando yo me partí el pie, oí el *crack*, me puse blanca y me desmayé del dolor. Esa mujer no se desmayó. Se sentó, sus entrenadores le pusieron una tobillera, medias, la arreglaron como pudieron, y la tipa se levantó y siguió jugando. Ese fue un momento poderoso para mí porque capturó perfectamente lo que es mi filosofía de vida: En la vida hay que seguir jugando y estar abierta a recibir la pelota por donde sea que venga.

> *En la vida hay que seguir jugando y estar abierta a recibir la pelota por donde sea que venga.*

¿Y ahora qué?

Las metas y los sueños que uno establece y trabaja tan duro para lograr, con el transcurso del tiempo los va cumpliendo. Entonces, surge la gran incógnita: ¿qué haces una vez que has logrado triunfar en lo que te propusiste al comienzo del viaje de tu vida? ¿Qué le sigue a todos los éxitos una vez que estos ya pasaron? Hablándolo con Marcos, él un día me dijo: "Se hace lo que tú estás haciendo ahora, que es hacer las paces con todo lo que has hecho".

Uno tiene que luchar por lo que cree. Nunca pensé que me transformaría en un ejemplo a seguir para mi gente. Es más, cuando tomó vuelo mi carrera, yo estaba concentrada en luchar por tener el control de mi propia vida, por tener control editorial sobre mi producto, para poder hacerlo a mi manera. Si tú no controlas lo que es tuyo y no lo mueves hacia adelante con la pasión y el empuje que sólo tú le puedes dar, dejas la puerta abierta para que venga otro y ponga lo tuyo a un costado.

En retrospectiva, creo que *El Show de Cristina* tuvo el éxito que tuvo porque no estaba pensando en cómo volverme un ejemplo para los demás, estaba demasiado ocupada luchando por lo que creía y tratando de ser lo más honesta posible con mi audiencia. Mi meta siempre fue hablarles con la verdad. La televisión es como una lupa. Si tú eres falso en un programa como el mío, se nota y se ve hasta en aumento.

Yo soy el tipo de persona que habla sin filtros y, aunque expresar mis opiniones tan públicamente me ha metido en muchos problemas, creo que esa honestidad y mis ganas de compartir lo mío con mi gente fue lo que nos unió a través de aquellos veintiún años. Cuando una señora me contaba su historia, yo también le contaba la mía, lo bueno y lo malo. Al hacer eso, mi público y yo logramos crear una conexión muy especial, y estoy eternamente agradecida por su amor y apoyo a través de todo este tiempo. Es más, el cariño que se forjó a través del programa, se traduce en vivo. Mi gente es muy respetuosa. Cuando se acercan, más que un autógrafo, lo que me piden es un abrazo, o que hable con algún familiar por teléfono. Y yo lo hago con todo gusto porque sé que es un cariño que nos tenemos desde hace años, y es importante mantener ese vínculo. Además, nunca me hacen pasar malos ratos.

Por eso, para mí es tan importante que mantengamos las vías de comunicación

Es bien importante que las mujeres nos hablemos con la verdad entre nosotras.

abiertas, porque es la única manera de seguir conectadas y aprendiendo las unas de las otras y evolucionando como seres humanos. Cuando tú eres una mujer en este planeta, la información que te llega de afuera es que debes ser una muñequita, siempre bonita, siempre pintadita, siempre calladita te ves mejor. Al contrario, es bien importante que las mujeres nos hablemos con la verdad entre nosotras. No tienes que ser ninguna muñequita, las muñequitas son de plástico. Tú eres una persona. Vive tu vida.

Yo sí creo en la reencarnación, pero no sé si realmente existe, y no lo sabré hasta que me toque vivir ese momento, entonces, esta vida me la estoy gozando hasta la última gotita de café. Espero que tú hagas lo mismo.

> *Esta vida me la estoy gozando hasta la última gotita de café. Espero que tú hagas lo mismo.*

Más y más y más metas

Ahora que he cumplido la mayoría de mis metas grandes, no creas que sólo me voy a dedicar a cuidar nietos. Adoro a mis nietos, pero todavía me queda mucho por delante, incluyendo nuevas metas y sueños que quiero lograr. Es importante mantener las ganas de seguir aprendiendo y la curiosidad de seguir experimentando cosas nuevas, sin importar en qué etapa de la vida te encuentres. Hay que vivir la vida con pasión porque el viaje lo es todo. Y a mí todavía no se me ha terminado el viaje.

En esta etapa de mi vida, mis metas son mantenerme saludable, seguir disfrutando de mi familia y nunca perder el interés en lo que hago. Quiero seguir con el cerebro tan claro como lo tengo ahora y continuar adquiriendo experiencias nuevas.

Tengo sesenta y seis años, me faltan todavía muchos años de vida y no puedo dejar que la ataxia me gane. Por eso mi salud es una meta principal y tiene mucho que ver con mi meta de poder seguir disfrutando de mi familia. Al principio, cuando empecé a ir a terapia física, mis nietos me pedían que me sentara en el suelo a jugar con ellos, pero no lo podía hacer. Les explicaba que si me sentaba ya no me iba a poder levantar y que Abu iba a tener que venir a levantar a Aba del suelo. Lo he dicho varias veces en este libro, y te lo repito: sin salud no eres nada. Eso nunca lo he tenido tan claro como ahora. Y te reitero otra cosa que espero a esta altura te haya quedado clara: nunca te des por vencida. Lo que quiero es seguir teniendo mi salud para poder disfrutar de mi familia y continuar haciendo lo que me apasiona a nivel del trabajo.

La razón por la cual digo que una de mis metas es no perder el interés en lo que hago es porque me pasó. Durante los últimos tiempos en la televisión estaba ya aburridísima de tener que entrevistar a celebridades que no me interesaban. La mayoría de las celebridades se niegan a hablar de sus vidas personales y esas experiencias personales son de las que aprendemos más. Y lo que a mí me interesa no sólo es mantener mi curiosidad y seguir aprendiendo, sino también continuar compartiendo información con mi público para que ustedes también puedan seguir aprendiendo. Si yo me aburro, ustedes también se van a aburrir, y esa no es la idea.

Ahora estoy haciendo radio y, muchas veces, aunque disfruto inmensamente estos programas, extraño la cámara. ¿Por qué la extraño? Porque tengo ganas de enseñar algo en la radio, y me doy cuenta de que lo que me toca es describirlo porque sólo me pueden escuchar, no me pueden ver. Marcos me lo recuerda a cada rato, ya que después de tantos años en televisión me acostumbré a enseñar las cosas. La verdad es que me encantaría volver a la televisión, me gusta y la extraño, pero lo haría bajo otras circunstancias. *El Show de Cristina* al principio trataba temas sociales, como hacemos ahora en mi programa de radio. Eso es lo que me encanta. Pero poco a poco, *El Show de Cristina* se fue transformando en un programa donde entrevistaba a artistas, y llegó un momento en que eso me aburrió, y se me notaba. Si me proponen algo nuevo e interesante para mi mente que es tan inquieta, lo consideraría.

Disfruta el viaje

No cambiaría nada de lo que he hecho en mi vida. Considero que mi vida ha sido tremenda experiencia, y todavía me falta más por vivir. El consejo que les quiero dejar a las mujeres de todas las edades es que funcionen siempre con la verdad, que sigan curiosas con la vida, que no tengan miedo de disfrutar y explorar cosas nuevas y que no abandonen su sexualidad porque el sexo es riquísimo, y el que te diga lo contrario, no sabe de lo que está hablando.

> *El tiempo fluye y el universo por sí solo nos ofrece la oportunidad de evolucionar si nos mantenemos alerta a los mensajes que nos brinda.*

El tiempo fluye y el universo por sí solo nos ofrece la oportunidad de evolucionar si nos mantenemos alertas a los mensajes que nos brinda. Lo que he aprendido a través de mis sesenta y seis años de vida es que el amor es más digno que el odio y que una sonrisa puede ser la antesala de un acto de bondad y que vivir con pasión es mejor que sólo vivir y que callar si no tienes nada bueno que decir es más piadoso que mentir.

Lo que tú quieras hacer por ti misma, asegúrate de que tenga un propósito más grande, hazlo por más razones que sólo obtener una ganancia personal y, por favor, que te haga feliz en el camino. Como bien me enseñó Marcos, lo que importa es el viaje, no el destino. La realidad es que obtener la meta quizá al final sea lo más fácil, pero si no has disfrutado y crecido en el camino, ¿de qué te sirve? Si no has aprendido del viaje, ¿qué estás haciendo? En el viaje, los caminos se presentan para aprender de ellos.

Después de todo lo que me ha tocado vivir, he podido no sólo hacer las paces con esta etapa de mi vida, sino también con quién soy yo. En la vida, con el pasar del tiempo, tienes que aprender la gran diferencia entre hacer y ser. Puedes hacer cantidad de cosas con tu vida, pero al final del camino tienes que tener bien claro quién eres. A mí me costó mucho trabajo eso, pero ahora sé muy bien que Cristina la de la televisión es parte de lo que hago, pero hoy en día soy Aba, soy Mami y soy Mati, y el momento más feliz de mi vida es el presente.

PONLO EN PRÁCTICA Y APLÍCALO A TU VIDA

1. Mantente abierta y flexible a lo que te traiga la vida.
2. Nunca te des por vencida.
3. Atraviesa el miedo y conquístalo.
4. Vive tu vida con honestidad.
5. Elige hacer lo que te apasiona y te haga feliz, y, por favor, disfruta el viaje.

Lo último que
se pierde es
la esperanza.

Agradecimientos

Una vez, hace muchos años, le comenté a Marcos: "Qué pena que empecé tan vieja en televisión", ya que en el año 1989, cuando empezó el *Show de Cristina*, yo tenía cuarenta y un años de edad. Marcos, después de una pausa, me respondió: "Mami, necesitabas todos esos años de experiencia haciendo revistas para poder hacer lo que haces hoy en día tan bien". Quizás él tenía razón porque lo único que no se puede improvisar en esta carrera es la experiencia, y lo único que no se puede olvidar son todas las personas que te echaron una mano en el camino.

A todos ustedes, muchas gracias por todos los esfuerzos y todos los logros alcanzados juntos, porque, aunque yo haya dado la cara, esto siempre ha sido un trabajo en equipo.

De esos compañeros de trabajo quiero destacar en especial a un hombre que siempre me brindó su apoyo incondicional, mi productor ejecutivo del *Show de Cristina* y todos mis proyectos de televisión: el señor Osvaldo Oñoz. ¡Muchas gracias, Ozzy!

A mi hijo laboral, Jorge Insua, que cree más en mí de lo que muchas veces yo creo en mí misma. Gracias a su insistencia se logró hacer este libro.

A mi hermano y asistente personal Iñaki, gracias por aguantarme, no sé cómo lo haces.

A Ray Garcia, director de Celebra, que me persiguió durante cuatro años para que hiciera este libro y nunca se dio por vencido. Gracias, amigo.

A mi editora, Andrea Montejo, por sus buenos consejos que le brindaron mayor claridad al manuscrito. ¡Gracias!

A Kim Suarez, mi editora asociada, quien con su actitud positiva y su gran coordinación nunca dejó que este proyecto se saliera de ruta. ¡Gracias!

A Cecilia Molinari, quien se sentó conmigo y me ayudó a esculpir este proyecto, no sabes cuánto te voy a extrañar ahora que lo terminamos. Gracias amiga, muchas, muchas gracias.

Y, finalmente, un agradecimiento de corazón a toda mi gente por apoyarme a través de los años: me han enriquecido la vida de maneras inexpresables. ¡Los quiero mucho!

Lecturas recomendadas

La lista que aparece a continuación contiene cinco libros que me cambiaron la vida y cuya lectura te sugiero con el propósito de que sigas informándote y aprendiendo para cumplir tus sueños y ser feliz.

Espero que los leas y los apliques a tu viaje por este mundo y, así, continúes ¡pa'rriba y pa'lante!

1. *Visualización creativa*, Shakti Gawain (New World Library, San Francisco,1995).
2. *El Secreto*, Rhonda Byrne (Atria Books/Simon & Schuster, Nueva York, 2007).
3. *Habla Seth: La eterna validez del alma*, Jane Roberts (Ediciones Luciérnaga, Barcelona, 1999).
4. *Piense y hágase rico*, Napoleon Hill (Tarcher/Penguin, Nueva York, 2012).
5. *El poder de la intención*, Wayne Dyer (Hay House, Carlsbad, 2005).

Sobre la autora

En 1989, **Cristina Saralegui** debutó como presentadora y productora ejecutiva de *El Show de Cristina*, en Univision. El programa rompió todas las barreras y se convirtió en un éxito televisivo. Durante veintiún años, Cristina y *El Show de Cristina* entretuvieron, emocionaron y educaron a la comunidad hispana en Estados Unidos y en todo el mundo, y se convirtieron en la voz y plataforma de millones de hispanos que, de otra forma, nunca habrían sido escuchados.

Esta magnate de los medios de difusión masiva, nacida en Cuba, fue elegida por la revista *Time* como una de las 25 hispanas más influyentes de Estados Unidos y es la primera personalidad de la televisión de habla hispana en recibir una estrella en el Paseo de la Fama de Hollywood. Además, ha sido galardonada con numerosos premios, incluyendo doce premios Emmy; el Gracie Allen Tribute Award, concedido por La Fundación de Mujeres en Radio y Televisión; el National Community Service Award, otorgado por amfAR; el Premio Internacional del Éxito 2004, dado por el Simon Weisenthal Center; el Premio Artístico de la Fundación Herencia Hispana; y el Lifetime Achievement Award concedido por la Imagen Foundation. Cristina es la primera latina en ser admitida al prestigioso salón de la fama de leyendas de la televisión estadounidense, The Broadcasting & Cable Hall of Fame, donde se une a titanes de la industria televisiva como Walter Cronkite, Barbara Walters y Johnny Carson.

Para más información, sigue a Cristina por Twitter: @CristinaOpina o en www.facebook.com/CristinaSaralegui.